〈名奉行〉の力量

江戸世相史話

藤田　覚

講談社学術文庫

はしがき

私は、江戸時代の歴史を専攻し、そのなかでもおもに江戸幕府の政治を中心とした歴史の研究と教育に従事している。専門分野の研究と教育のため、毎日のように江戸時代の何らかの史料を読む。とくに江戸時代の後期から幕末にかけて研究しているので、江戸幕府の寛政《かんせい》の改革や天保《てんぽう》の改革といった政治改革、さらにその時期の外交政策や天皇・朝廷の動きを知るため、それに関係する史料を集めては読み、それを使って研究論文を書き、その成果を教育に活かそうとしてきた。

十九世紀半ば近くの天保の改革を研究していたころ、ちょうどそのときの町奉行が入墨《いれずみ》をした名奉行と噂《うわさ》される遠山金四郎《とおやまきんしろう》景元《かげもと》で、庶民には苛《か》酷《こく》な改革を断行しようとする老中の水《みず》野《の》忠邦《ただくに》の政策にことごとく抵抗している事実を発見し、人口に膾炙《かいしゃ》する人物像に近いところがあるなと関心を持ち、遠山金四郎について調べて『遠山金四郎の時代』（校倉書房、のち、講談社学術文庫）という本まで書いた。さらに、景元の父親の遠山金四郎景晋《かげみち》についても調べてみたら、うだつの上がらない一介の旗本《はたもと》から、目《め》付《つけ》や長崎奉行などを経て勘定奉行という幕府高官にまで出世し、おもに幕府の外交政策に深くかかわったことから、ロシアとの関係を軸にした江戸時代後期の対外関係を研究するうえで欠くことのできない重要人物であることがわかった。そのうえ景晋は、公務で出張した蝦夷地《えぞち》（北海道）や長崎、対馬《つしま》などへの旅行を素材にして紀行文をいくつも書き著し、さらに長崎奉行時代などの日記も多数残した文化人でもあった。そのような人物が、受験参考書のような本も書いていたことを知り、親子ともどもつくづく面白い人物だと強い関心を持った。そのような理由から、本書には遠山景晋・景元の父子がよく登場することになる。

それ以外に、多くは研究論文を書くために一所懸命に史料を探しては読んでいると、とてもまとまった論文にはできないが、本当に妻を借金のカタに差し出した旗本のような、文字どおり面白い話や史実がいくつも出てくる。ただ、面白い話だとは思うけれど、とても論文にはならないのでそのままにほったらかすため、そのいくつかが頭の片隅に残っているにすぎない。

江戸時代の歴史の勉強を三十数年もしているせいか、新聞やテレビでさまざまな事件や出来事の記事を見ていて、江戸時代にもこんな似たようなことがあったなとか、江戸時代だったらこうだったななどと、ついつい連想してしまう。事実、業者の談合とか青少年を鍛《きた》えなおす塾の事件など、江戸時代には現代とよく似た出来事や世相がたくさんある。だから、江戸という時代は面白いとつくづく思うこともある。そして、現実に起こる事件や出来事が、私の頭の片隅に残っている江戸の話を蘇《よみがえ》らせてくれる。

私の子供のころは、家にラジオしかなかったので、よく放送されていた落語とか浪曲・講談に馴染《なじ》んでいて、有名なものはけっこう筋書まで覚えている。古典落語の「芝浜《しばはま》」や「八《はち》五郎出世《ごろうしゅっせ》」（妾馬《めかうま》）など、江戸時代を舞台にした落語を、江戸時代の法や制度の歴史から見直すとどうなのかなど、江戸時代を研究していると気になってくる。

夜の家の食卓や酒席でするような軽い話ばかりでけしからん、とお叱りをこうむりそうだが、江戸時代と現代日本の世相にはよく似たところがあるのも事実である。ぜひ、どこからでもお読みいただければ幸いである。

目次

〈名奉行〉の力量

はしがき……3

遠山金四郎の入墨 15

遠山金四郎の入墨……16
遠山金四郎父子……22
江戸の受験参考書……29
〈名奉行〉の力量……36
官職名の由来……42
銭形平次と目明……48
親の歳を間違える金四郎……54

お代官様——悪の代名詞 61

将軍吉宗の肉声……62
遊芸を許す田沼意次……69
お代官様——悪の代名詞……76
秘薬「熊胆」の値段……82

「謙譲の美徳」の裏側……88
二十二時間・二十三日間・三年間……94
白いカラスは吉兆か……100
殿と様はどちらが偉いか……106

大御所の犯罪　113

大御所の犯罪……114
無　尽……121
談合体質の根深さ……127
拾った金は誰のものか……134
象をめぐる暗闘……140
国民の生命の重み……147
女房を借金のカタに置いても……153

女髪結い繁盛記　159

便利すぎて困る……160

女髪結い繁盛記……166
江戸の贈答事情……172
江戸の高利貸し……178
江戸の女性と証文の怖さ……184
地獄の沙汰も金次第……190

放蕩息子の矯正 197

読み書き算盤……198
放蕩息子の矯正……204
「うろたえる」老人たち……210
天明七年のポスター……215
上流女性をどう呼ぶか……221

初出一覧……227
あとがき……231
学術文庫版あとがき……233

江戸元号早見表

元号	西暦	徳川将軍
慶長 けいちょう	1596.10.27〜1615. 7 .12	家康・秀忠
元和 げんな	1615. 7 .13〜1624. 2 .29	秀忠・家光
寛永 かんえい	1624. 2 .30〜1644.12.15	家光
正保 しょうほう	1644.12.16〜1648. 2 .14	〃
慶安 けいあん	1648. 2 .15〜1652. 9 .17	家光・家綱
承応 じょうおう	1652. 9 .18〜1655. 4 .12	家綱
明暦 めいれき	1655. 4 .13〜1658. 7 .22	〃
万治 まんじ	1658. 7 .23〜1661. 4 .24	〃
寛文 かんぶん	1661. 4 .25〜1673. 9 .20	〃
延宝 えんぽう	1673. 9 .21〜1681. 9 .28	家綱・綱吉
天和 てんな	1681. 9 .29〜1684. 2 .20	綱吉
貞享 じょうきょう	1684. 2 .21〜1688. 9 .29	〃
元禄 げんろく	1688. 9 .30〜1704. 3 .12	〃
宝永 ほうえい	1704. 3 .13〜1711. 4 .24	綱吉・家宣
正徳 しょうとく	1711. 4 .25〜1716. 6 .21	家宣・家継・吉宗
享保 きょうほう	1716. 6 .22〜1736. 4 .27	吉宗
元文 げんぶん	1736. 4 .28〜1741. 2 .26	〃
寛保 かんぽう	1741. 2 .27〜1744. 2 .20	〃
延享 えんきょう	1744. 2 .21〜1748. 7 .11	吉宗・家重
寛延 かんえん	1748. 7 .12〜1751.10.26	家重
宝暦 ほうれき	1751.10.27〜1764. 6 . 1	家重・家治
明和 めいわ	1764. 6 . 2 〜1772.11.15	家治
安永 あんえい	1772.11.16〜1781. 4 . 1	〃
天明 てんめい	1781. 4 . 2 〜1789. 1 .24	家治・家斉
寛政 かんせい	1789. 1 .25〜1801. 2 . 4	家斉
享和 きょうわ	1801. 2 . 5 〜1804. 2 .10	〃
文化 ぶんか	1804. 2 .11〜1818. 4 .21	〃
文政 ぶんせい	1818. 4 .22〜1830.12. 9	〃
天保 てんぽう	1830.12.10〜1844.12. 1	家斉・家慶
弘化 こうか	1844.12. 2 〜1848. 2 .27	家慶
嘉永 かえい	1848. 2 .28〜1854.11.26	家慶・家定
安政 あんせい	1854.11.27〜1860. 3 .17	家定・家茂
万延 まんえん	1860. 3 .18〜1861. 2 .18	家茂
文久 ぶんきゅう	1861. 2 .19〜1864. 2 .19	〃
元治 げんじ	1864. 2 .20〜1865. 4 . 6	〃
慶応 けいおう	1865. 4 . 7 〜1868. 9 . 7	家茂・慶喜

＊徳川家康の将軍就任は慶長8年2月12日（西暦1603年3月24日）

〈名奉行〉の力量

江戸世相史話

遠山金四郎の入墨

遠山金四郎の入墨

江戸時代の名奉行といえば、大岡越前守忠相《おおおかえちぜんのかみただすけ》（一六七七―一七五一年）と遠山金四郎景元《とおやまきんしろうかげもと》（一七九三―一八五五年）である。大岡の場合、朝廷から与えられた従五位下《じゅごいのげ》、越前守という官位と忠相という名乗《なのり》（実名）で知られ、威厳ある端正な人物との印象を与えている。大岡に比べて遠山は、金四郎という通称で知られ、かつ「金さん」などと愛称で呼ばれたりして、どこか親近感と庶民性を感じさせる。実物の遠山は、従五位下、左衛門尉《さえもんのじょう》という厳《いか》めしい官位を与えられ、実名は景元といった。その点では大岡と同格である。時代劇の世界での知名度も大岡と遠山は同じくらいと思われるが、大岡は、高等学校の日本史教科書では、八代将軍徳川吉宗《とくがわよしむね》（一六八四―一七五一年）の享保《きょうほう》の改革のところに登場し、大学受験で必ず記憶しなければならない人名となっている。それに対し遠山の名は教科書にはまったく登場せず、日本史教育、大学受験に必要な人物ではない。大岡が日本史教育で一定の人物像を作られ、『大岡政談』のようなタネ本があるのと異なり、遠山は自由な創作ができるキャラクターである。しかも、かなりの比率で実在の人物とは思われていなかったようで、少しマンガ的なところもある。

遠山金四郎の一番の見せ場は、奉行所のお白洲《しらす》で片肌（あるいは両肌《もろはだ》）脱いで「桜吹雪」

の入墨《いれずみ》を見せて啖呵《たんか》を切り、しらを切る悪党を恐れ入らせるシーンである。この入墨なくしては締まらないし、全体が結末を見ないストーリイになっている。テレビなどで見る「桜吹雪」も、いつも同じ絵柄ではなく、演じる俳優によって少しずつ違いがあるという。入墨は「桜吹雪」と決まっていたが、近年ごくわずかではあるが別の入墨をした遠山金四郎も登場した。「付《つ》き馬屋《うまや》おえん事件帳」（テレビ東京、一九九〇年）と「夢暦《ゆめごよみ》　長崎奉行」（ＮＨＫ、一九九六年）に登場した金四郎の入墨は、「女の生首」だった。圧倒的に多くて老舗《しにせ》なのが「桜吹雪」で、ごく少数で新興が「女の生首」ということになる。

時代劇に入墨をしていない遠山金四郎が登場したら、常識外れのサギと非難されかねないくらい金四郎の入墨は「国民的常識」である。しかし、実在の遠山金四郎こと左衛門尉景元が入墨をしていたのかどうか、本当のところはよくわからない。ほぼ同時代人の大坂の医師が、江戸時代後期のおもに京坂《けいはん》を中心とした西国地方の世相・社会についての見聞を記した『浮世の有様《ありさま》』（『日本庶民生活史料集成』第十一巻、三一書房、一九七〇年）のなかに、金四郎の入墨の記事がある。若いころは放蕩無頼《ほうとうぶらい》で、家出をして吉原《よしわら》あたりで博奕《ばくち》打ちの仲間に入り悪事を働いていたが、親兄弟がみな死んで遠山の家を継ぐ者がいなくなったため親類の計らいで家督を継いだ、そのような人間なので総身《そうみ》に入墨をして見苦しい、と記されている。若い時分は放蕩無頼な生活で入墨をしていた、という金四郎「伝説」は、ほぼ当時からあったことが知られる。親兄弟がみな死んで、というような事実に反する事柄が書かれていたり大坂での伝聞なので、これで間違いないとはいえないが、当時から入墨の噂があったことは確認できる。

江戸時代、入墨は刑罰の一つだった。庶民の窃盗犯などの腕に輪のように彫られた。これとの混同を避けて、江戸幕府は、入墨を彫物《ほりもの》と呼んで禁止した。上方《かみがた》では、入墨のことを「いればくろ」といい、江戸では「ほりもの」と呼んでいる。文化《ぶんか》八年（一八一一）八月に町触《まちぶれ》（『御触書天保集成』下、高柳眞三・石井良助編、岩波書店、一九四一年、四四二頁）を出して、総身にいろいろの絵や文字を彫って墨や色を入れることは、風俗にかかわり、無傷の体にキズをつけるのは恥ずべきことなのに、「伊達心《だてごころ》」といって彫物をする若者が増えているので、以後手足はもちろん総身へ彫物をすることを禁じている。この町触は、ふたたび彫物が流行したため天保《てんぽう》十三年（一八四二）三月にも出され、とくに「鳶人足《とびにんそく》・駕籠《かご》舁《かき》」は彫物なしでは仲間外れになるような状況にあると指摘し、新たに彫物をした者と彫物をしてやった者を逮捕するといっている（『幕末御触書集成』第五巻、石井良助・服藤弘司編、岩波書店、一九九四年、二二七―二二八頁）。

江戸時代後期の社会の風俗を、江戸・大坂・京都のいわゆる三都を比較しながら考証した喜田川守貞《きたがわもりさだ》の『守貞謾稿《まんこう》』（『近世風俗志』二、宇佐美英機校訂、岩波文庫、一九九七年、七一頁）によると、鳶人足や駕籠かきたちで入墨をしていない者は稀で、「年老ひて笑われ草と思へどもほらねばならぬ鳶の附合《つきあい》」という狂歌を背中に入墨した鳶人足がいたという。まさに仲間の付き合い、仲間意識である。上方では「いればくろ」のある者は稀で、銭湯などでは嫌がられたようであるが、江戸の銭湯ではありふれていたためか、これを見て恐れたり嫌がったりしないともいう。

遠山金四郎は、寛政《かんせい》五年（一七九三）に生まれてから、文政《ぶんせい》八年（一八二五）に西丸御小《にしのまるおこ》納戸役《なんどやく》につくまでは経歴がよくわからないので、放蕩無頼な生活であったなどとかくの評判のある時期だが、禁止令が出るほど入墨が流行したころは十八、九歳なので、その可能性はある。しかし、入墨禁止の町触がふたたび出された天保十三年（一八四二）には北町奉行なので、町触を出した責任者である。入墨禁止令を出した町奉行が入墨をしている、というのではお話にならない。もしも入墨があったら、奉行所のお白洲で「桜吹雪」を見せるわけにはいかないし、自分の入墨と入墨禁止令との矛盾に悶々と悩んだのではないか。

さて、「桜吹雪」と「女の生首」に戻ろう。「女の生首」説は、慶応《けいおう》四年（明治元年、一八六八）の戊辰戦争にも従軍した旧幕臣中根香亭《なかねきょうてい》（一八三九―一九一三年）が、明治二十六年（一八九三）に『史海』第二六号に執筆した、遠山金四郎の逸話を交えた簡単な伝記「帰雲《きうん》子伝《しでん》」にある（帰雲とは金四郎晩年の号）。それによると、江戸歌舞伎三座の一つ木挽町《こびきちょう》（東京都中央区）森田座の囃子《はやし》方《かた》で吉村金四郎という名で笛を吹いていたころは、血気盛んな若者で、周りの人々に「金」と呼ばれていたという。ある日、森田座の小屋のなかで歌舞伎台本作者の二世並木五瓶《なみきごへい》と喧嘩になり、金四郎が「何をッ」と叫んで勢いよく障子を開け放ち、並木五瓶に殴りかかろうと腕まくりしたところ、二の腕から肩にかけての入墨があらわになった。その入墨の図柄は、「断頭の美人髪を乱して箋《かみ》を啣《ふく》む」、つまり首から上だけの美人が髪振り乱し、口に紙切れを嚙みしめている、というもので、これを見た周囲の人々は、ビックリするやら笑いだすやらだったという。中根によれば、入墨は「桜吹雪」ではなく「女の生首」だった。同じ年に、遠山金四郎を主人公にした竹柴其水《たけしばきすい》作『遠山桜天保日《とおやまざくらてんぽうにっ》記《き》』が、明治座で初演され、市川左団次《いちかわさだんじ》演じる芳村（遠山）金四郎の腕は、「生首が文《ふみ》をくはへたるぼかしの彫物一杯ある」だった（『日本戯曲全集』第三十二巻、河竹新七及竹柴其水集、春陽堂、一九二九年、六一三頁）。ただこの脚本は、中根香亭の「帰雲子伝」と深く関連があるらしい。

「桜吹雪」説としては、同じ明治二十六年に出版された角田《つのだ》音吉《おときち》『水野越前守《みずのえちぜんのかみ》』という本のなかで書かれている遠山金四郎の小伝に、やはり若いときは放蕩無頼な生活を送り、左腕に花の形の入墨（「花紋を黥《げい》する」）をしていて、目付《めつけ》になったのち人々は恐れ怪しんだというのがある。「桜吹雪」かどうかはわからないが、入墨の絵柄は花であったと伝えている。このように同じ明治二十六年に、「女の生首」説と「桜吹雪」説が出ていたのである。それがなぜ「桜吹雪」に定着したのか、まだ調べはついていない。

『守貞謾稿』（前出『近世風俗志』二、七二頁）によると、幕末より以前の鳶人足の背中には、「女の首級書筒《しょづつ》を啣《くわ》へるの図等、あるひは鳶組の纏《まとい》図、その他武夫戦士の図等」が彫られていたという。しかも彫物師の腕が未熟なため、あまり見た目によいものではなかったともいう。幕末になると、錦絵《にしきえ》が精巧で美麗になるのと併行して入墨の技術も向上し、「女の首級」などは描かれなくなり、「英雄豪傑竜蛇を征すの図」など、豪傑の図柄を「墨の濃淡、朱の濃淡、また墨と朱と和して紫色」の五色で精巧に描くようになったらしい。金四郎の「女の生首」は、幕末以前に多かったありふれた図柄で、しかもあまりパッとしない彫物だったようである。

おそらく生前の遠山金四郎を見聞しているはずの幕臣大谷《おおや》木《ぎ》忠醇《ただあつ》が、金四郎の死の翌年にあたる安政《あんせい》三年（一八五六）に、「大岡・根岸《ねぎし》・石河《いしこ》・池田《いけだ》・曲淵《まがりぶち》（歴代の町奉行）につゞきたる奉行と称せられ、市民服従し、其頃芙蓉《ふよう》の間《ま》御役人の一枚看板と賞し、また遠山の金さんと尊みたり」と書いている（遠山景晋《かげみち》『対策則《たいさくそく》』奥書、国立国会図書館所蔵）。将軍から激賞されて名奉行の一員に名を連ね、しかも天保から嘉永《かえい》期に、町奉行や勘定奉行など旗本がつく幕府の高官である奉行たちが、江戸城に登城した際に詰める部屋である芙蓉の間の「一枚看板」とまで讃えられた人物が、「遠山の金さん」と親しみとともに尊敬を込めて呼ばれていたというのは、遠山金四郎の実像を髣髴《ほうふつ》させる。名奉行で親しみやすい、なんとなく入墨が似合う。金四郎は「一枚看板」と賞されたが、その父親の金四郎景晋も幕府役人の「三傑の一人」と讃えられた人物であった。

遠山金四郎父子

「名奉行遠山の金さん」として有名な遠山景元《かげもと》の通称は金四郎であるが、父親の景晋《かげみち》（一七五二―一八三七年）も通称は金四郎という。金四郎が遠山家当主の通称になったのは、景晋の代からである。景晋も、ＮＨＫの時代劇ドラマ「夢暦《ゆめごよみ》　長崎奉行」（一九九六年）の主人公として登場し、子の景元の知名度には及ばないけれども、かなりその名を知られるようになった。

景晋と景元の父子は、なかなか複雑な家庭環境のなかにいた。景晋は、永井直令《ながいなおよし》（永井家は知行千石の旗本）の四男として生まれ、遠山景好《かげよし》（知行五百石の旗本）の養子となった人である。ところが、養父景好には、子供ができなかったので景晋を養子にもらったのに、予想外にその後に実子が生まれてしまった。しかも、名を景善《かげよし》という男の子であった。実子が家を継ぐのが当たり前と思われるものの、当初の予定どおり養子の景晋が遠山家の家督を継ぐことになった。景晋はこの関係に遠慮したのであろうか、寛政《かんせい》五年（一七九三）八月に実子の景元が生まれたにもかかわらず、その出生を幕府に届けず、翌年七月に義弟にあたる景善を養子として届け、家督の後継者と定めている。遠山家の家督の将来を決めてから、その年の九月になってようやく景元の出生を届け出た。

さらにこの家族関係を複雑にしたのは、景善に実子が生まれたにもかかわらず、享和《きょうわ》三年（一八〇三）に景元を景善の養子としたことである。これもまた景善の景晋に対する遠慮なのであろうか。このような遠慮と苦慮の綯《な》い交ぜになった複雑な家族関係・親子関係であるが、実の親子の関係にある景晋と景元との関係はどのようなものであったか、とくに景晋の子に対する意識などは興味深いものがある。

　十九世紀前半の文化《ぶんか》から文政《ぶんせい》期にかけて、幕府役人のなかで「三傑の一人」と謳われたほど有能な景晋であるが、役人としては長く芽が出なかった。その芽を出し始めたのが、西丸《にしのまる》小性組士《こしょうぐみし》であった寛政十一年二月に、当時幕府が開始した東蝦夷地《えぞち》（北海道の東側半分）の直轄政策にかかわって、蝦夷地掛《かか》りを務めた松平忠明《まつだいらただあき》（旗本で幕府書院番頭《しょいんばんがしら》）の蝦夷地出張の随員に選ばれたことである。景晋は、その年三月に江戸を出立し、蝦夷地を巡視して九月に帰った。その折の紀行文を『未曾有記《みぞうき》』という書名で書き残している。写本は国立公文書館内閣文庫や東京大学史料編纂所などにいくつも伝存しており、板坂耀子氏の校訂で、『叢書江戸文庫』17（近世紀行集成、国書刊行会、一九

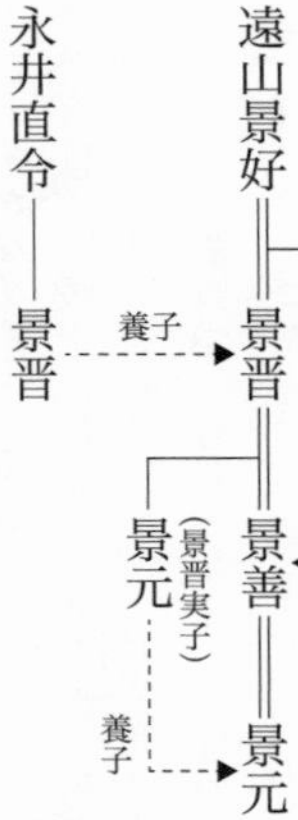

遠山家略系図

九一年）のなかに収められてもいる。そのなかに、当時数え七歳という幼少の実子景元のことがわずかながら出てくる。

景晋は、寛政十一年（一七九九）三月二十四日に奥州白河（福島県白河市）に到着したが、そこで町のなかを熊が熊の子を牽《ひ》いて通るのを見かけた。それは、親馬に子馬がついて歩くような情景で、もちろん江戸では決して見ることのできない珍しい光景だった。景晋は、そこで「家の小《こ》冠者《かんじゃ》、一ト目見せたや」と記している。熊の子が親熊に牽かれて歩く珍しい情景を景元に見せたかったというのである。光景が珍しいのに加えて、親熊と子熊が連れだっているのが、景晋・景元と二重写しになったのかもしれない。

また、四月二十日ごろに、蝦夷地松前《まつまえ》（北海道松前郡松前町）への渡海の地である津軽半島北端の三厩《みんまや》（青森県東津軽郡外ヶ浜町）に着き、松前へ渡海するチャンスを待っていたとき、江戸で流行っていた「シングイル」という童謡を、その地の女性や子供が朝晩歌っているのを聴いて、江戸で流行の童謡が早くもこの地にまで伝わっているのかという驚きとともに、「家の小冠者もさそうたふらん」と記して、景元もいまごろは歌っているのではないかと思いをめぐらせている。

なお、『日本国語大辞典』（第二版、小学館）に、「しんぐいしんぐい節《ぶし》」という項目があり、「江戸時代、江戸深川の芸者から歌い広められたはやりうた。寛政年間（一七八九—一八〇一）と天保《てんぽう》年間（一八三〇—四四）に流行した。「しんぐいしんぐい」をはやしことばとする」と説明されている。童謡ではないが、時期も寛政年間であり、「シングイル」とはこの歌のことかもしれない。旗本である遠山景晋もその歌を知っているし、本州北端の地でも歌われていたのだから、相当に流行ったようである。

江戸時代の絵図を見ると、三厩から松前まで海路七里と記されている。二八キロメートルということになる。私が、一九九八年十一月に三厩へ行ったときは、みぞれ混じりの冷たい小雨が降っていた。三厩の静かな漁港から北の方を見ると、松前半島の黒ずんだ山並みが間近に見えた。それくらい距離は近いのだが、津軽海峡の潮流は速く複雑なため、当時はなかなか困難な渡海だった。風向きもよくいよいよ松前へ渡海する船中では、荒波にもてあそばれた船の激しい揺れに、同行の役人らはみなひどい船酔いに襲われた。しかし景晋は、出発にあたって「家童子《いえどうじ》」（妻のこと）が縫ってくれた木綿の腹帯をしっかり締め、これを助けに無事乗り切ったとも記している。妻（榊原忠寛《さかきばらただひろ》の娘）が縫った腹帯を心の支えにして、荒波の津軽海峡を渡ってゆく景晋に、夫婦のかなり濃厚な絆のようなものも感じる。旅先で、熊の子を見たり、童謡を聴いたりすると家に残した子供のことをふと思う景晋に、時代を越えた父親の姿がありありと見えてくる。

約六ヵ月に及んだ、景晋にとって初めての長旅であり、しかも東北から蝦夷地に渡り同地を旅するという、当時としてはかなり困難な旅であったから、江戸への無事な帰着は当人も、また家族にとっても感激はひとしおであったろう。九月十四日に奥州道中（日光道中）の草加《そうか》（埼玉県草加市）の宿を出て千住《せんじゅ》（東京都足立区）でしばし休息し、旅装を改めて千住を発ち、小塚原《こづかっぱら》（荒川区）から下谷《したや》（台東区）へ向かう道を進み、上野山下《うえのやました》に着いて出迎えの家族と対面した。そこに出迎えに来ていた景元の姿を見つけ、景晋はうれし涙を流している。それには、特別のわけがあった。

景晋六歳のとき（宝暦《ほうれき》七年（一七五七）ころか）、実父の永井直令は大坂への出張を命じられ任務を終えて江戸に帰着したが、父直令の出迎えに来ていた景晋は、疱瘡《ほうそう》の治った直後のため顔面は赤と黒のまだら模様で、しかもでこぼこ顔だったため、直令は「こはわが子にてありけるか」と目を疑ったという。大坂出張中に景晋が重症の疱瘡にかかったことを聞き、江戸に戻ったころには死んでしまっているものと覚悟していたが、とにかく命ながらえた子に対面できたそのことに感激し、「悲喜の泪《なみだ》こもごも眼に余りし」と涙を流している。このときの感激を、景晋が成人したのちも折にふれて直令は話したという。いかに感激したかを物語る。

景晋は、上野山下に出迎えに来ていた家族のなかに、「今、次郎小冠者（景元）か無病にて、おとゝ打《うち》つれて迎へに参り、夏たけ秋さる間に、かうもそたち、心おとなしうなりし」景元の姿を見つけ、幼少のころの自分と父直令の姿とが重ね合わされ、「悲喜の泪、そぞろ襟《えり》をつたふ」と涙を流して喜んでいる。景元が病気もせず、六ヵ月のあいだに体も大きくなり精神的にも大人びたように見えた。わずか六ヵ月でそんなに成長するとも思えないが、景晋の旅がいかに困難なものであったかを想像させるとともに、幼少の景元の姿がかすかに伝わってくる。

ここには、遠山景元七歳の姿が登場する。永井直令と子の景晋、遠山景晋と景元の親子の姿もかすかに浮かんでくる。土佐藩下級武士の日記を通して、江戸時代の武家の親子関係を検討した太田素子氏の『江戸の親子』（中公新書、一九九四年、のち吉川弘文館、二〇一七年）によれば、近世は「父親が子どもを育てた時代」といわれる。永井、遠山の場合は、父親による子の養育や教育などについて、『未曾有記』のこの記述のみでは何もわからない。しかし、子を思う父親の情愛に触れ、ほっとするものを感じる。

江戸後期の狂歌師・戯作者《げさくしゃ》として有名な、しかし本業は御家人《ごけにん》で幕府勘定所役人である大《おお》田《た》南畝《なんぽ》（直次郎《なおじろう》、蜀山人《しょくさんじん》、一七四九―一八二三年）は、享和二年（一八〇二）四月に、約一年にわたった大坂銅座の勤務を終えて江戸に戻った。江戸への道は中山道《なかせんどう》を通ったので、板橋の宿（板橋区）の手前で一族や知人の出迎えを受け、そのときのことを、「うれしなどはよのつねなり。おの〳〵一年恙《つつが》なかりしよろこびをのべつゝ、板橋の駅につく。橋をわたりて左なる酒家にいこひて、もろ人酒くみかはしつ」と書いている。大坂勤務を終えて無事に江戸に戻った喜びを率直に語り、板橋宿の石神井川《しゃくじいがわ》にかかる板橋を渡ったところの旅籠屋《はたごや》であろうか、そこに入って出迎えの人々と酒を酌《く》み交わしている。幕府役人にとって、遠国勤務を終えて江戸に戻ってくることは、相当な安堵感、あるいは解放感を抱くもののようである。

大田南畝らは、板橋宿を出て庚申塚《こうしんづか》から池袋村（豊島区）を過ぎ護国寺の門前で休憩した。そこには、倅《せがれ》の嫁に抱かれた留守中に生まれた孫や、その近くに住む孫娘二人も出迎えに来ていた。そのときの心境を南畝は、「わづかひとゝせのほどゝはいへど、たけ高く生ひたちたる心地す」と書き記している。ここには、幼い孫三人に囲まれ、幸せなおじいさん気分にどっぷりと浸っている大田南畝の姿が見えてほほえましい（『壬戌紀行《じんじゅつきこう》』、『大田南畝全集』第八巻、岩波書店、一九八六年）。

これは親子ではなく、おじいさんと孫であるが、永井直令と景晋、遠山景晋と景元、そして大田南畝と孫たち、そこに時代を越えた親と子、祖父と孫との変わらぬ情愛が伝わってくる。

江戸の受験参考書

「傾向と対策」といえば、もっとも有名な大学受験参考書であった。「傾向と対策」という参考書はなくなったようであるが、その言葉自体は広く使われて生きている。いまでは、大学受験はおろか幼稚園入園試験対策の本もたくさんあるほど、入学試験用の受験参考書は大量に売られ、受験業界は一兆円規模の一大産業へと成長した。就職試験、資格試験用の対策本もあるので、試験あるところ受験参考書、受験対策書あり。江戸時代の教育機関、教育施設である、下は村や町の寺子屋から上は藩校や幕府の学問所まで、入学に制度的な試験があったということは聞かない。そのため、入学試験のための参考書はなかった。

入学試験ではないが、江戸幕府は「学問吟味《がくもんぎんみ》」という名の試験をしていた。受験資格は、十五歳以上（上限はない）の旗本・御家人本人とその子弟であった。十五歳以下を対象にした、「素読吟味《そどく》」という試験もあった。第一回が寛政《かんせい》四年（一七九二）、第二回が寛政六年におこなわれ、以後三年に一回実施された。慶応《けいおう》四年（明治元年、一八六八）まで、合計十九回おこなわれている。なお、勘定所には、下級職員採用のための「筆算吟味《ひっさん》」という一種の採用試験もあった。

世相を風刺した狂歌や随筆でお馴染みの幕臣大田南畝《おおたなんぽ》（直次郎《なおじろう》、蜀山人《しょくさんじん》）は、第二回の学問吟味を受験し、最優秀者（甲合格）五人のうちの一人となった秀才で知られる。南畝はそのおかげか、二年後に御徒《おかち》（将軍が外出するとき先立って警護するのがおもな役目で、もっとも下級の幕臣）から勘定所の役人である支配勘定という役に登用された。勘定所の職制では、奉行の下に勘定組頭―勘定―支配勘定―支配勘定見習の職員がいたので、御徒から支配勘定になったことは出世したのに間違いないが、支配勘定は、下から二番目で御目見《おめみえ》以下の役職（勘定より上が将軍に拝謁できる御目見以上の格式）にすぎなかった。しかも、終生その地位から昇進することがなかった。

　南畝と同世代の幕臣で、同じ寛政六年の学問吟味を受け、これまた最優秀者の首席だった人物に遠山景晋《とおやまかげみち》がいる。入墨をした名奉行と噂の高い遠山金四郎景元《きんしろうかげもと》の父親である。景晋は知行千石の旗本永井《ながい》直令《なおよし》の四男で、通称を金四郎といい、知行五百石の旗本遠山家の養子に入った。遠山家は、御小性組《おこしょうぐみ》の組士《くみし》から御腰物《おこしもの》奉行などにつくのが最高で、目付《めつけ》、勘定奉行、町奉行などの幕府要職についた者は誰もいないという、あまり冴えない中下級の旗本家だった。ところが景晋は、御小性組組士から寛政十二年に徒頭《かちがしら》（大田南畝らの御徒を指揮する責任者）となり、そののち目付、長崎奉行、作事《さくじ》奉行を経て勘定奉行にまで、遠山家に前例のない昇進を遂げた。子の金四郎景元が町奉行、大目付にまで出世できたのは、本人の能力もさることながら父景晋の存在が大きかった。

　景晋が、遠山家にとって未曾有の出世を遂げることができた理由は、本人の力量とともに学問吟味に首席の成績で通ったことが大きかった。中国・朝鮮の科挙《かきょ》とは異なり、この試験

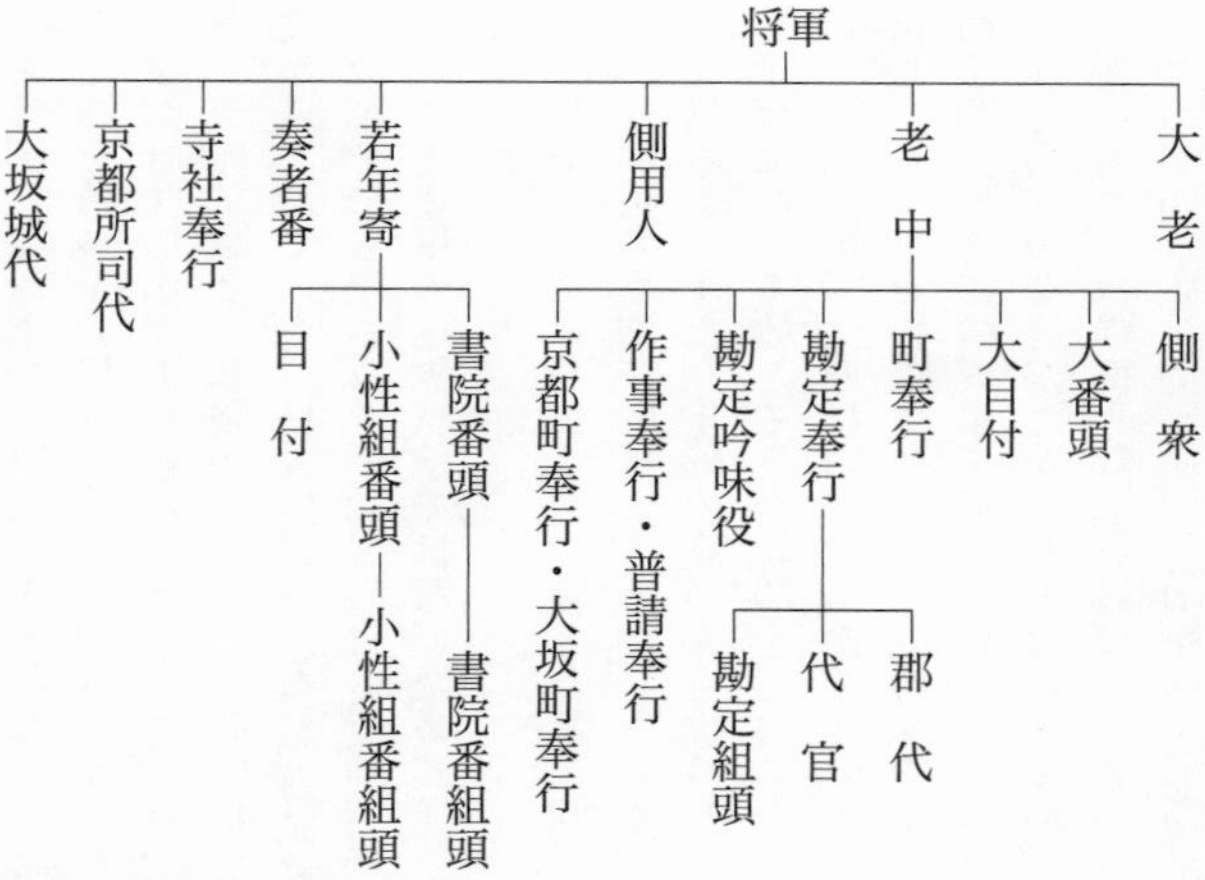

江戸幕府の職制

に合格しても高級官僚のポストが約束されることはなく、日本古代の秀才科、文《もん》章得業生試《じょうとくごうしょうし》の試験のように、成績に応じて位階を与えられる特典もなかった。小林宏行氏「出世と学問所」（二〇〇二年度東京大学文学部卒業論文）によると、幕府には、成績優秀者をすぐに登用すべきだという意見もあったが、結局は学問吟味の成績よりも、親の勤務年数や功労の方が重視されていたという。

それでも、景晋のように出世の糸口くらいにはなる場合もあった。同じ学問吟味に優秀な成績を収めながら、大田南畝が勘定所の下から二番目の支配勘定どまりなのに、遠山景晋は勘定所トップ、奉行にまで昇進した真相はよくわからない。狂歌や戯作《げさく》を物していたことが原因の一つに挙げられているが、そもそも大田家は御目見以下の御家人であり、遠山家は御目見以上の直参《じきさん》旗本という、この時代に重要な意味を持つ家の格式の違いが大きかっただろう。

学問吟味の出題と採点をする試験委員は、林大学頭《はやしだいがくのかみ》と学問所の教官である儒者が担当した。予備試験と本試験があり、試験問題は、四書五経の読解力を試す経義《きょうぎ》と歴史、および作文からなっていた（橋本昭彦『江戸幕府試験制度史の研究』風間書房、一九九三年）。寛政の改革で打ち出された学問と教育の奨励、朱子学の振興のために設けられた試験制度であって、官吏登用の選抜試験ではないため、成績優秀でも褒美の品を将軍から賜る以外の特典はなかった。

それでも、南畝や景晋が受験した第二回目の学問吟味には、二百三十七人が名乗りを上げた。受験生の平均年齢はよくわからないが、南畝が四十六歳、景晋が四十三歳であったところを見ると、かなり年齢の高い人も挑戦したようである。私自身のことを考えると、四十代も半ばになって難しそうな試験を受けるなど、よほどせっぱ詰まらなければその気にならないと思う。現代よりはるかに寿命の短かった江戸時代、しかも、四十代半ばになって仮に合格しても出世を約束されない学問吟味を受けるには、よほどの理由があったのだろう。日頃の学問（儒学）の成果を見せつけたいという名誉心もあったろうが、やはりなにがしかの出世への糸口の期待がなかったとはいえまい。大したことはないとはいえ南畝も出世したし、景晋に至っては異例の昇進を遂げたのだから。

この学問吟味への「傾向と対策」として遠山景晋が書いたのが、『対策則《たいさくそく》』という本である（国立国会図書館に景晋自筆本が所蔵されている）。この本を書いたのが、寛政八年（一七九六）秋と序にあるので、学問吟味に通って二年後、まだ御小性組にくすぶっていたときである。書名に対策という語を使っているのは、「傾向と対策」の意味もあるかもしれないが、日本古代の秀才科の試験のことを「対策」と呼んだことに由来するのであろう。寛政九年に第三回目の学問吟味がおこなわれるということで、その受験参考書として十ヵ条を書き上げている。その付言に、家の子供たち（景元らをさすか）とその他二、三人の受験生のために書いたといっている。

まず、景晋自身の合格体験を述べる。景晋は、学問吟味で優秀な成績をあげることのできた理由は、他の受験者が勉強不足だったからと謙遜し、能力が乏しいから他人が一回やるところを百回やるというように努力したと書いている（『中庸』第二十章による常套句）。そして、体験からすると重要なのは、答案には他説（朱子以外の説）を交えないことと、日本語訳の適切さの二点だという。能力があり博識だと朱子の説では満足できず、ついつい他の解釈や学説を交えて答案に書いてしまうが、それで試験官を感心させ驚かせたとしても、優秀な成績をあげることはできないからだという。

そのうえで、受験生が心得ておくべき注意事項を数点挙げる。とくに、学問は種々あり、かつ諸学派や学説があることを理解しておくことは必要だけれども、試験場では朱子の説以外を書いてはいけないこと、荻生徂徠《おぎゅうそらい》（一六六六―一七二八年）の学派（古学派《こがくは》、古文辞学《こぶんじがく》派《は》と呼ばれる）は不道徳という批判に対し意見を持つことを強調する。多様な学問、学派の勉強をして豊かな学力を身につけていても、朱子以外の説を答案に書いたら成績優秀にはならないという点を力説している。この背景には、寛政二年（一七九〇）五月に出された、朱子学が正学《せいがく》（正統な学問）であり、それ以外は異《い》学《がく》なので幕府の学問所で教育してはいけない、という寛政異学の禁がある。江戸幕府は、このとき初めて朱子学を正学と認定し、朱子学の振興とそれによる幕臣教育を進めようとした。学問所の教官も「寛政の三博士」（柴野《しばの》栗山《りつざん》、尾藤二洲《びとうじしゅう》、岡田寒泉《おかだかんせん》（のち寒泉にかわり古賀精里《こがせいり》））などの朱子学者で固めたのであるから、彼らを試験官とする学問吟味の出題内容と採点基準がどうなるかは、誰が見ても明らかだろう。とにかく、学問吟味でよい成績を取りたかったら、試験する側に合わせて、自身の学問上の考えはともあれ、朱子の「正統」な解釈を書けということである。

　心得の一つに、たとえ成績優秀で合格しても、それで自分は学問ができるなどと思ってはならないと書いている。うぬぼれてはいけないという戒めとも読めるが、試験の性格からいって成績優秀でも自慢にはならない、とも読める。なお、学問吟味で成績優秀となるための対策、テクニックとしてこの『対策則』を書いたので、乏しい能力とはいってもすべてを注ぎ込んだわけではないため、この本を読んだ人が、遠山景晋の能力はこの程度のものかなどと思わないでほしいとも書いている。

『対策則』は、試験で優秀な成績をあげるための本、つまりは対策本であって、学問的な本ではないと断っている。朱子学だけが正統な学問、ということを前提にした試験に合格するための参考書なのだと力説する。むなしい受験勉強と受験参考書に、どこか現代に通じるものを感じてならない。

〈名奉行〉の力量

　良かれ悪しかれ、大きな改革や改変を実現しようとするとき、強い抵抗と摩擦が生まれる。これは、ありふれたことである。改革者の前に立ちはだかる抵抗勢力という表現は、流行語のように使われた。以前、マスコミを賑わした田中真紀子《たなかまきこ》外務大臣と外務省官僚との関係もそれである。どちらがどうと判断できるほどの情報と知識を持ち合わせていないが、江戸時代の歴史を研究している者として強い興味を覚えた。それは、頻繁に交替する役所の長である大臣と長い歴史を持つ役所との摩擦、せめぎ合いという点である。そのようなことは、現代の日本の役所だけではなく、江戸時代も同じようなものだからである。

　江戸の町奉行所を取り上げてみたい。江戸幕府には、江戸の市政を担当する役所として町奉行所が置かれ、南北各一名の奉行と、その下に南北合わせて与力《よりき》五十人、同心《どうしん》二百八十人ほどの吏員が配属されていた。町奉行は、旗本が就任できる幕府の役職のなかで、もっとも上級の重職であった。町奉行の在任期間を見ると、もっとも長い人では二十一年間もの長きにわたって在職した者がいるが、ほんの数年で交替した奉行もいる。名奉行として人口に膾《かい》炙《しゃ》する遠山金四郎《とおやまきんしろう》（景元《かげもと》）は、小納戸役《こなんどやく》を振り出しに、小納戸頭取《とうどり》、小普請《こぶしん》奉行、作事《さくじ》奉行、勘定奉行と順調に昇進し、天保《てんぽう》十一年（一八四〇）に北町奉行に就任した。町奉行になるまでには、いくつもの役職を渡り歩き、幕府役人としての人生を上り詰めることになる。もともと定められた任期というものはなく、いろいろな事情から長短はあるものの、現在の各省庁の大臣たちよりおおむね在任期間が長い。しかし、次々と交替してゆく職であることに違いはない。

与力・同心は、町奉行所という役所に勤務する吏員である。彼らは、将軍に御目見《おめみえ》できない御家人という身分であり、さらに与力の一部と同心は、譜代ではなく一代限りの召抱えという、少し危うい立場だった。しかし、本人が在職中に息子を見習いという名目で役所に出し、自身が辞職したあとを子供に継がせるというやり方を繰り返した。その結果、実際には父祖代々で与力・同心の職を世襲して町奉行所に勤めることになった。奉行は数年で交替するが、吏員は世襲のように勤務していたのである。

父祖八代にわたって町奉行所の与力を務め、自身も幕末に南町奉行所与力だった佐久間《さくま》長敬《おさひろ》（一八三八—一九二三年）という人物が、町奉行と与力・同心との関係について、つぎのようなものであったと興味深い話を残している（『嘉永《かえい》日記抄』、大久保利謙編輯『江戸』第六巻、教文舎、一九八一年、一五五頁）。

与力・同心は町奉行所のなかで隠然たる力を持っていて、町奉行は人形で、与力・同心が人形遣《つか》いという関係にある。見物人は、人形の奉行を見てこれを名奉行と誉めるけれど、実は、人形遣いの与力・同心が人形である奉行を上手に遣って動かしたからである。名奉行といわれた人は、部下の与力・同心を甘く使ったので、この御奉行ならと思って仕《つか》えてよく働いた結果、奉行が名奉行と誉められただけのことである。これとは反対に、虫の好かない奉行が着任すると、与力・同心は敬遠し面従腹背で協力しないので、奉行は二、三年のうちに転任せざるをえなくなり、実質的には町奉行所から追い出したようになった。

江戸町人にとって、奉行は交替するもので、与力・同心は代々世襲で勤めるものだから、町人の利害にとっては町奉行よりも与力・同心の方が重要であり、与力・同心の不利益は、間接的に町人の不利益ともなった。

与力・同心の勢力の強さを強調するため誇張が含まれているので、この話をそのままには受け取れないが、町奉行所という役所を実際に動かしていたのは、与力・同心という世襲的な吏員だったといいたいのである。

与力・同心はみずからの既得権益を守る「抵抗勢力」で、そこの問題には切り込まず、甘く使うような奉行にはよく仕え、その町奉行は名奉行と呼ばれた。しかし現実は、与力・同心ら町奉行所の吏員の言いなりになっていただけなのだという。それを人形と人形遣いとの関係にたとえたわけである。ところが、奉行所の組織、あるいは町奉行所の行政のあり方などを改革しようとする、与力・同心にとって「虫の好かない」奉行が着任すると、非協力で抵抗し、短期間でやめざるをえなくさせ、追い出したような形になったという。お奉行とかお頭《かしら》と呼んで奉《たてまつ》ってはいるものの、奉行と与力・同心の関係は、案外そのようなものだったかもしれない。

このようなことは、町奉行所だけのことではなかったと思われる。江戸幕府の奉行所などでは、その役所の実務を実質的に担った吏員の多くが、町奉行所の与力・同心と同じようなあり方だったからである。そもそも、遠山金四郎たちのように、いくつもの役職を渡り歩き、それでその職が勤まった理由は、個人の能力や資質というよりも、江戸幕府役所機構の成熟度という点とともに、役所の実務を世襲的に務めた吏員たちが担っていたからだと考えた方がよいのではないか。

そこには、奉行所の行政のあり方によって強い影響を受ける町人たちの利害という問題もからみ複雑である。外務省官僚は世襲ではないし、外務大臣と外務省官僚との関係を、町奉行と町奉行所与力・同心とのそれと同列に置くのは不謹慎の誹《そし》りを受けるやもしれない。しかし、このような関係は、外務省だけではなく、大小さまざまどこでも見受けられる現象ではないのか。

天保十二年（一八四一）から始められた幕府の天保の改革という政治改革で、改革の旗を振った老中水野忠邦《みずのただくに》（一七九四―一八五一年）は、幕府諸役所に旧弊を破り改革を断行するよう命じたが、ほとんどの役所が無視したという事例もある。改革や改変は、よほどの合理性がない限り、上から命じただけではなかなか進まず、強い抵抗を受けるのは歴史的にもありふれたことだろう。

名奉行とは、上手な人形遣いに操られた人形だったとは、興味深い証言であり、うまいとえだと感心してしまう。遠山金四郎たちもそうなのかなと思うと、面白い。そういえば、与力・同心と「つるんだ」町人たちの利益を大事にする言動を繰り返していたことが思い返される。部下の与力・同心を甘く使っていたのかもしれない。

部下が操ってくれる人形はまだよい。木偶《でく》というのがある。木彫りの人形とか操り人形のことである。しかし、「木偶のよう」というと、あまりいい意味には使われない。とくに「木偶坊《でくのぼう》」といえば、役立たずと人を罵った言い方である。

さきほどの天保の改革で辣腕を振るった老中水野忠邦は、一度は責任を問われて天保十四年閏《うるう》九月に失脚したが、約九ヵ月後の天保十五年（一八四四）六月に老中に返り咲いた。これには、「肝《きも》をつぶさざる人なし」といわれたほど人々がビックリした。水野を失脚させた、いわば水野を裏切った役人たちは、どのような報復があるのかと、それこそ戦々兢々《せんせんきょうきょう》だったろう。ところが、せっかく再登場させたのに、十二代将軍徳川家慶《とくがわいえよし》（一七九三―一八五三年）からは重要な任務を与えられなかったらしい。

そのころ目付《めつけ》を務めていた久須美祐雋《くすみすけとし》という人が、江戸城中の水野忠邦の様子をじっと観察していた。それによると、幕府の財政の担当者にもならず、当時もっとも重要な課題であった江戸城本丸（天保十五年五月焼失）の再建を担当するでもなかった水野忠邦は、毎日江戸城へ出勤はするものの、これといって重要な任務がなかったので、関係する幕府役人が、仕事上の相談や打ち合わせで会いに来ることもなく、「木偶人《でくにん》御同様」だったという（『飛騨《ひだ》呈書《ていしょ》』、筑波大学附属図書館所蔵「久須美家史料」)。ただ老中という役職についているだけで、何の働きもしないので、「木偶人」、すなわちでくのぼうのようだと見られたのである。水野忠邦は、御用部屋と呼ばれた江戸城本丸の老中の執務室で、手持ち無沙汰にじっと時の過ぎるのを待っているだけだったらしい。かつて、退職に追い込むため窓際とか隔離部屋とか、非人道的な措置が社会問題になったが、それを思い出させる。

かつての権力者だけに、なんとも悲しい姿をさらしている。天保十五年六月に再任されると、七月からは、暑気あたりによる頭痛と下痢、腰痛、風邪による発熱と頭痛などの理由でしばしば欠勤し、十二月から「癪《しゃく》」という理由――これは江戸時代に休む理由によく使われる病名で、本当に腹痛がするというより、政治的、便宜的な「病気」ということも多いようである――で欠勤し、結局翌年二月に辞職するまで二度と出勤することはなかった。

同じ人形でも、人形遣いがいて上手に操ってくれれば名奉行だ、名宰相だといわれるかもしれない。しかし、誰も相手にしてくれず、操ってくれないのではただの木偶ということである。

官職名の由来

　もうだいぶ前のことになるが、中学生のナイフによる殺傷事件が相次いだころ、肥後守《ひごのかみ》のことが世上の話題にのぼった。肥後守といっても若い世代の人々には馴染みが薄いが、『広辞苑』（第七版、岩波書店）にもちゃんと載っている語である。そこには、「小刀の一種。折《お》り込《こみ》式で柄も鉄製、「肥後守」と銘を切る」と説明されている。鉛筆を削ったりするのに使ったナイフのことで、重々しくも「肥後守」の銘が彫られていた。肥後だから熊本県で生産されていたものと思っていたが、兵庫県三木《みき》市あたりで作られていたと聞いたことがある。鉛筆をナイフで削る、これももはや過去のことであろう。

　落語に「八五郎出世《はちごろうしゅっせ》」（一名、妾馬《めかうま》）というのがある。つるさんという十八歳の、町人ながさつな八五郎の妹が、武家奉公中にお殿様のお手つきとなり、跡取りとなる男子を出産した。この妹に会うため、母親のかわりに屋敷に出向いた八五郎が、武家の作法を知らないためにに引き起こすがさつな振る舞いのおかしさと、会いに行くことのできない母親の哀しみが綯《な》い交ぜになって話は進み、町人八五郎が武士身分に取り立てられるという出世をして終わる落語である。

　ここに登場するお殿様は、丸の内に屋敷があり、名を赤井御門守《あかいごもんのかみ》様という。赤い門ということで、東京大学の赤門をイメージしているのではないかといわれている（東京大学図書職員であった鈴木邦明氏に教えていただいた。赤門は文政《ぶんせい》十年（一八二七）建造）。旗本に赤井というのはいるが、大名にはいない。「御門守」というのは存在しないいい加減な官職名なので、落語の世界の創作である。えらいお殿様にはナントカの守という官職名がついているものだ、という常識を示しているのだろう。

さて、江戸時代のすべての大名と旗本の一部は、たとえば、名奉行大岡忠相《おおおかただすけ》は越前守《えちぜんのかみ》、遠《とお》山金四郎《やまきんしろう》は左衛門尉《さえもんのじょう》という官職名を持っている。領知高一万石以上の大名は、元服以前の場合を除いてすべて官職名を有しているが、旗本の場合は、ある一定以上の格式の役職に就任した者に限られている。遠山金四郎景元《かげもと》より遠山左衛門尉という方が、はるかに厳《いか》めしく重々しい響きを与える。老中たちが江戸城中の執務室である御用部屋で評議をするときなど、同僚の老中を「備前《びぜん》殿」「越前殿」などと官職名で呼び合うし、下位の役人に対しては、「左衛門尉」などと殿を省いて呼んでいたらしい。

官職名のほかに、大岡忠相も遠山景元も、従五位下《じゅごいのげ》という位階《いかい》を与えられている。大名には四位の位階の者もかなりの数いる。越前守などを官職、従五位下などを位階と呼び、この官職と位階をまとめて官位という。景元の場合、正しくは従五位下遠山左衛門尉景元というわけで、なおさら厳めしく遠山の金さんに似つかわしくない響きがある。しかし、それが真実である。ちなみに、国家公務員には現在でも官職がある。私たちのような国立大学に勤務していた者は、かつて文部科学教官という官職名があった。しかし、平成十六年（二〇〇四）四月から国立大学法人職員になり、国家公務員ではなくなったので官職名もなくなってしまった。

それでは、遠山金四郎たちは勝手に官位を称していたのかというとそうではなく、最終的には朝廷、天皇から位記《いき》・口宣《くぜん》（口宣案《あん》）という文書が出されて授与されたもので、勝手に称しているわけではない。だが、天皇が遠山金四郎の評判や功績を知り、官位を与えたいといって授与したわけでは決してない。室町幕府の時代も同じであるが、武家の官位を朝廷に推挙する権限は将軍の手に握られていた。だから、遠山金四郎に従五位下左衛門尉という官位を与えることを決定したのは将軍であり、それを京都の朝廷に伝達すると、朝廷ではそれに従って位記と口宣を作成する。つまり、武家の官位は実質的には将軍が決定し、朝廷はかなり変形してしまっているものの、古代以来の官位叙任の手続きを経て形式的に認証する、ということである。現在の叙勲や叙位が、決定は政府がおこない、天皇の名で授与されるのと同じである。

越前守、左衛門尉という官職に任命されると、いったいどのような仕事をするのだろうか。古代律令制のもとでは、越前守とは越前国（福井県）を統治する国司《こくし》のことで、国務を担う役職であった。左衛門尉とは、内裏《だいり》の警衛を担当する衛門府《えもんふ》の武官の役名である。しかし、大岡忠相は越前守だが、越前国の統治とは何の関係もない。遠山景元は左衛門尉だが、御所《ごしょ》の警備に何の関係もしない。兵庫県で製造されても、銘は「肥後守」というようなものか。本来は、越前守は一人しかいないはずだが、国名（受領名《ずりょうめい》）は国の数が六十六ヵ国と限られているので、同時に複数の越前守がいることはありふれていた。朝廷の廷臣《ていしん》や公家の家来まで含めると、同じときにかなりの数の越前守がいてもおかしくない。実際に越前国を統治するわけではないので、何人いても一向にかまわなかったのである。

それでは、その官職名をどのように決めたのだろうか。幕末の幕臣で、豊後《ぶんご》（大分県）日田《ひ た》代官所の手代《てだい》という役人の子から勘定奉行、外国奉行にまで上り詰め、江戸城開城とともにピストル自殺した川路聖謨《かわじとしあきら》（一八〇一—六八年）の官職名は、左衛門尉だった。なぜ左衛門尉にしたのかというと、川路の通称が三左衛門だったので、三を削って左衛門を活かし、彼が尊敬してやまなかった遠山景晋《かげみち》（遠山景元の父）の官職名が左衛門尉であったことから決めたといわれる（川田貞夫『川路聖謨』、人物叢書、吉川弘文館、一九九七年）。

その遠山景晋は、文化《ぶんか》四年（一八〇七）に、折からのロシア軍艦が蝦夷地《えぞち》を襲撃するという事件に対処するため、蝦夷地への出張を命じられた。そのさい、幕府から金四郎という通称を律令制の官職名に改めるよう求められたので、遠山家の家祖である景吉《かげよし》の通称権左衛門《ごんざえもん》の権を削ってとりあえず左衛門にしたと、景晋みずから書いている（『続未曾有後記《ぞくみぞうこうき》』、国立公文書館所蔵）。翌年十二月に従五位下に叙位されたとき、左衛門尉という官職名にしたのである。子の金四郎景元が左衛門尉の官職名にしたのは、いうまでもなく父景晋のそれを使ったからである。守護大名や戦国大名の系譜を引く家柄ならば、官職名にも先祖以来の由緒があり、それに従っていればよいのだが、そうでない場合、御門守は論外として、まさに適当に考え出したようである。

旗本では、官位を授与される方がはるかに少ない。勤続数十年の功を積んだ代官が、老年になって従五位下より下の布衣《ほい》（六位相当。模様のない狩衣《かりぎぬ》で、公家は略装だが武家は正装）を許されて感激するほどのものである。であるから、旗本が従五位下〇〇守を与えられることは、旗本個人の大きな喜びであり、家の面目でもあった。江戸城中でのさまざまな儀式、上野寛永寺や芝増上寺での将軍家の法事など、吉凶の儀式の場では、席順や並ぶ順番が前になるので、その格式は高くなり、優越感に浸ることも当然であろう。

大名、とくに格式の高い大名になると、従四位下侍従《じじゅう》などのより高い官位を授けられるのが、その家の定例になっている。官位の高下と大名家の家格の上下とが対応するようになると、あの大名家よりウチは上、あの大名家とは同格といった秩序ができあがっていった。このため、同格、あるいは格下の大名に官位の高下という面で追い越されたりした場合、家格の秩序が乱れてしまい、追い越された大名は、先祖や家来への面目が丸潰れとなり、さらには領民への外聞が悪いと猛反発し、みずから家の先例以上に官位を高めようとして、幕府に猛烈な働きかけをおこなう。仙台藩伊達家の薩摩藩島津家との同格意識の強さが、官位競争としてしばしば表面化することは有名である。また、その仙台伊達家と伊予（愛媛県）宇和島伊達家との本家意識による官位競争も、また熾烈《しれつ》であった。

秋田藩十代藩主佐竹義厚《さたけよしひろ》（一八一二―四六年）は、天保《てんぽう》九年（一八三八）に少将昇進を実現させたさい、事前運動や昇進御礼として、前年に将軍職を退いた大御所《おおごしょ》徳川家斉《とくがわいえなり》らへのワイロを含め、総額四千八百両もの大金を使っている。官位の高下は家格の上下と密接に関係しているので、家格の維持や上昇のために官位の引き上げを必死になって運動したのである。

武士身分だけではなかった。職人たち、とくに大工、鋳物師《いもじ》、菓子匠など、さらには芸能関係には、ナントカの守やナントカの掾《じょう》などの官職名を名乗る者がかなりいる。神職には、ナントカの守のほかに国名だけの呼名《よびな》を名乗る者も多い。このように、官職名を欲しがり、みずからの社会的地位を高め維持しようとする社会的な裾野は広かった。

かなりいい加減な実態なのではあるが、官位は大名や旗本の家格、格式と密接にかかわり、しかも天皇を頂点として国民を序列化する機能を果たした。国家への「功績」により、一、二、三……と数字で国民に序列をつける勲章や位階制度は、変形しつつも現在まで存続し、それなりの序列化機能を果たしている。数字による序列化への疑問や、わかりにくい複雑な勲章制度への批判に配慮して、数字の撤廃や勲章等級の簡素化などがはかられており、今後も続きそうな気配である。

銭形平次と目明

江戸を舞台にした時代劇によく登場するのが目明《めあかし》（いろいろな呼び方があるが、ここでは目明を用いる）である。目明といえば、古くはいわゆる捕物帖の原型を作ったといわれる岡《おか》本綺堂《もときどう》（一八七二―一九三九年）の『半七捕物帳《はんしちとりものちょう》』の半七、もっとも有名なのが野村胡堂《のむらこどう》（一八八二―一九六三年）の『銭形平次捕物控《ぜにがたへいじとりものひかえ》』の銭形平次であろう。私などは、映画やテレビで長谷川一夫《はせがわかずお》や大川橋蔵《おおかわはしぞう》の演じた銭形平次をよく観た記憶があり馴染み深い。江戸時代の代表的な銭貨である寛永通宝《かんえいつうほう》を投げて悪を懲らしめるその姿は、庶民の颯爽としたヒーローそのものであった。目明が主人公の場合は、勧善懲悪のストーリイのなかで、わが身の危険をかえりみず身を挺《てい》して悪と立ち向かう善玉として描かれる。脇役のときでも、善玉の主人公に使われる場合は善人としての役回りである。

しかし、敵役《かたきやく》で登場する場合は、背後にいる権勢家や金持ちの力を笠《かさ》に着て十手《じって》を振りかざし、弱者を罪に陥れるのもある。とくに江戸ではなく関東地方の目明が登場すると、「二足の草鞋《わらじ》を履く」と表現されるように、博奕《ばくち》打ちややくざが目明を兼ね、れっきとした幕府の役人である八州廻り《はっしゅうまわ》（正式には関東取締出役《かんとうとりしまりしゅつやく》）とつるんで、十手を持って悪事を働くという役どころが多いのではないか。劇中の目明のイメージは、江戸と地方とで分裂しているかに見える。実際はどうだったのだろうか。塚田孝氏の研究（「下層民の世界」、朝尾直弘編『日本の近世』第七巻、中央公論社、一九九二年、のち『近世身分制と周縁社会』東京大学出版会、一九九七年所収）などを参考にして実態に触れてみよう。

まずその名称であるが、目明、岡引《おかっぴき》、手先《てさき》、御用聞《ごようきき》、小者《こもの》など、いくつもの名で呼ばれる。幕府の史料に現れるのは、目明、岡引、手先の三つほどではないかと思われる。これらは、名称は違うが実態は同じである。時間的には、目明→岡引→手先の順序で出てくる。目明の名称は、正徳《しょうとく》二年（一七一二）以前に使われ、それから寛政《かんせい》元年（一七八九）までは岡引、その後は手先と呼ばれている。目明は、正徳二年に廃止され、それ以後は表向き存在しないことになっている。また、寛政元年四月には、町奉行所や火付盗賊改《ひつけとうぞくあらため》が目明、岡引を使うことを禁止したが（『御触書天保集成』下、高柳眞三・石井良助編、岩波書店、一九四一年、八三七頁）、その後の史料には、手先という名称で使ってきたと記されている（なお、目明はこのほか勘定所でも使っている）。つまり、幕府が禁止しても、名称を変えて目明はなくならなかったのである。

目明のような存在は、江戸と大坂ではかなりの違いがある。喜田川守貞《きたがわもりさだ》の『守貞謾稿《まんこう》』（『近世風俗志』一、宇佐美英機校訂、岩波文庫、一九九六年、三四三頁）によると、大坂では目明ではなく「猿《さる》」と呼び、生業《なりわい》を持っていて余業に目明の役目を果たすという。ひそかに探索し、犯人を捜し当てると大坂町奉行所の与力《よりき》・同心《どうしん》に伝え、与力・同心はその情報にもとづいて、被差別身分の非人を指揮して犯人逮捕にあたった。それに対して江戸の目明は、生業を持たず目明専業であり、犯人を捜索するだけではなく逮捕することもその役目であった。この違いは、江戸と大坂の社会構造の差異によるものと考えられるが、面白いものである。

幕府が繰り返し目明を禁止した理由を、寛政元年四月に火付盗賊改（火盗改《かとうあらため》）に出した通達では、目明や岡引をしている者はそもそも良民ではない、そのような「悪者」の力を借りて犯罪者を捜索し逮捕するのは、幕府の「御政務」にあってはならないことだ、と厳しい口調で語っている。犯罪者のなかで仲間などを訴人《そにん》した者の罪を許してやり、目明に取り立てて博奕打ちや盗賊の取締りにあたらせたのが起源とされているように、元犯罪者に町奉行所などが手当金を与えて使っていた。「蛇《じゃ》の道は蛇《へび》」というところであろう。ところが、彼らのゆすりたかりの行為が目に余るようになり、それが禁止の理由となった。

江戸では、幕府倒壊直前の慶応《けいおう》三年（一八六七）に、江戸市中の改革が取り組まれ、そのなかで目明の問題が取り上げられた。目明は、商売もしないのに子分を三、四人も同居させ、さらに下女などを雇って相応に暮らし、自宅で博奕を催しては寺銭《てらせん》を取る、違法な隠売女《かくればいじょ》から目こぼし料を取る、些細なことで人を番屋へ呼び、奉行所の指図で取り調べるかのような嘘をいい、目こぼししてやるからといって金を脅し取るなどの悪事を働いている。町奉行所の役人も問題があると知っていながら、目明がいなくては犯人の捜索と逮捕に支障をきたすからと見逃してきたという。江戸の町奉行所で警察的な職務を果たした隠密廻《おんみつまわ》り、臨時廻り、定廻《じょうまわ》りの三廻り同心は、南北両奉行所合わせて二十四人しかいない。その人数で、五十万から六十万人ともいわれた人口を抱えた江戸町方《まちかた》の治安・警察にあたっていた。だから、問題は多々あっても町奉行所の三廻り同心は、目明に依存せざるをえなかった。それが、名称を変えながら目明が維持されてきた理由である。

町奉行所が使っていた目明の数は、天保《てんぽう》十三年（一八四二）に百五十人、慶応三年に三百八十一人（このうち町奉行所から給金が支給されていたのは百三十九人なので、天保十三年の数字は有給分の目明であろう）、そのなかの有力者は下夕引《したっぴき》という子分を二、三人抱えていたので、合わせると千人ほどになったという。そういえば、銭形平次は神田明神下《かんだみょうじんした》の長屋らしきところに住んでいて、お静《しず》さんという女房がおり、さらに八五郎《はちごろう》という子分（下夕引）を抱えている。そして、「八丁堀《はっちょうぼり》の旦那」と呼ばれる町奉行所の同心がしばしば登場し、平次に指図を与えたり、小遣いを渡したりしている。さて、平次は長屋の家賃や食費などの生活費、さらに八五郎へのお手当をどのように工面していたのだろうか。映画やテレビの劇中にはまったく出てこない。ここらあたりが、目明の実相を知るためのポイントのようである。

名称が目明のころは公認の存在であったので、町奉行所などからお手当が出ていた。禁止されて以降は内々の存在となったが、やはり町奉行所の同心から給金が支給されていた。この給金は、けっして同心個人のポケットマネーではなく、犯罪者に科した罰金である「過料《かりょう》銭《せん》」、あるいは没収した地所を運用して得た町奉行所の金がその財源となっていた。天保十三年（一八四二）の幕府の史料によると、目明たちには妻子もあり、家賃も払わなければならないので、一ヵ月に一両くらいの手当は与えなければならないが、さきの財源だけではまったく不足なので、深川《ふかがわ》（東京都江東区）その他でいかがわしい営業をしている料理茶屋から金を出させ、目明に給金を与えてきたという。

天保十二年から始まった天保の改革では、これらの料理茶屋すべてを営業禁止にしたため、今度は公認の遊所である吉原《よしわら》に目明（手先）六十人を提供させた。なお、このとき吉原は、町奉行所の定廻りと臨時廻り同心に一ヵ月に四十二両、同心と目明の弁当として一日に四十人分、さらに同心の往復の船賃や駕籠《かご》賃《ちん》も負担させられ、その総額は一年で千二百両に及んだ（『大日本近世史料　市中取締類集』二十二、御参詣調之部他、東京大学史料編纂所、一九九六年、一〇四頁）。現代の貨幣価値に換算すると一両が二十万円に相当するという説に従えば、二億四千万円という巨額になる。金の出所が、非公認の遊所となっていた料理茶屋から公認の遊所の吉原に替わっただけのことで、悪所《あくしょ》（遊里・遊郭）からの金で目明を養うという点では同じなので、どうしても目明に暗い影がつきまとう。もちろんそれでも不足するため、慶応三年（一八六七）の史料が語るような事態が起こっていたのである。

弘化《こうか》二年（一八四五）に、幕府の御庭番《おにわばん》が調査した江戸市中の様相から一部を紹介してみよう（前出『大日本近世史料　市中取締類集』二十二、一〇二頁）。天保の改革が失敗に終わったのち、夜中に辻売女《つじばいじょ》が盛んに出るようになり、なかには本所《ほんじょ》（墨田区）あたりから茶船《ちゃぶね》（港に入った大型船の積荷を、江戸市中の問屋に運ぶ小舟のこと）に乗り大挙して木挽町《こびきちょう》河岸《がし》（中央区）に上陸するので、それを観ようと見物人が出るほどだったという。その辻売女の違法な営業を取り仕切っている者がいて、それが盛大に営業できるのは、有力な町名主《ちょうなぬし》や目明に「仕向《しむけ》」すなわち金品を贈っているからだという。また、元赤坂《もとあかさか》の川端屋という水茶屋《みずぢゃや》は、武家を客として売女を出しているが、この営業が可能なのは、赤坂伝馬町《てんまちょう》二丁目（港区）の目明半七が店の用心棒のようなことをしているからで、町奉行所が取り締まろうとしても、実際に調べるのは手先（目明）であるから何の役にも立たないのだという。まさにこれも、「二足の草鞋を履く」の類《たぐい》である。

このように、目明は非公認の遊所や公認の遊所が奉行所に差し出す金で養われ、個別には非公認の遊所や辻売女の営業者から金品を受け取り、さらには善良な町人のちょっとした弱みにつけ込んでゆすりたかりをし、それにより妻子や子分を養っていたというのである。もちろん、目明の全部が全部ということではないかもしれないが、銭形平次はどうだったのだろうか。

親の歳を間違える金四郎

本書の「遠山金四郎父子」のところで紹介したように、遠山景元《とおやまかげもと》の父親は遠山景晋《かげみち》である。景晋は、目付《めつけ》、長崎奉行、作事《さくじ》奉行などを経て勘定奉行にまで昇進し引退した、優れた幕府役人だった。なお、ともに通称は金四郎。

景晋が生まれた年には二説ある。一つは『新訂寛政重修諸家譜《かんせいちょうしゅうしょかふ》』（第十三、続群書類従完成会、一九六五年、八六頁）、一つは『事実文編《じじつぶんぺん》』（第三、国書刊行会、一九一一年、二五七—二五八頁）所収の墓碑銘《ぼひめい》である。『新訂寛政重修諸家譜』は、江戸幕府が大名、旗本から提出させた家譜を吟味して編集した系図集で、文化九年（一八一二）に完成した。その『新訂寛政重修諸家譜』には、景晋について「天明《てんめい》六年閏《うるう》十月六日遺跡《いせき》を継。時に三十五歳采地《さいち》五百石」と書かれている。遺跡（父の死後に家を相続した場合、遺跡を継ぐと表現し、父の生前に相続した場合は、家督相続とよばれた）を継いだ年が天明六年（一七八六）で、その年に三十五歳なので、景晋は宝暦《ほうれき》二年（一七五二）の誕生になる。

墓碑銘は、景晋の子、景元の依頼をうけた大学頭《だいがくのかみ》林述斎《はやしじゅっさい》（衡《たいら》）の撰文になる。景晋と述斎は「交契有素」、すなわち生前に交際があったという。その墓碑銘には、景晋の生年と没年について、「君生於宝暦十四年正月十四日、歿於天保八年七月二十二日、享寿《きょうじゅ》七十又四」

と記されている。これによれば、宝暦十四年（一七六四）正月十四日の生まれになり、『新訂寛政重修諸家譜』とは十二年もの違いがある。死亡時の年齢も、『新訂寛政重修諸家譜』に従えば八十六歳になり、墓碑銘によれば七十四歳である。どちらが正しいのだろうか。

実子の景元が親の誕生年や死亡時の年齢を間違えることはないだろう、と一般論で推しはかれば、宝暦十四年（一七六四）説が妥当と思われる。宝暦二年（一七五二）と同十四年の干支《えと》はともに申《さる》なので、『新訂寛政重修諸家譜』を編集するさいに誤った可能性も考えられる。また、武家などには必要があって意図的に年齢を操作することがあり、幕府などに届け出た年齢と実際のそれとは違うことがおうおうにしてある。金四郎景元からして寛政《かんせい》五年（一七九三）の誕生なのに、都合により寛政六年に出生したと届けられている。幕府などに届けた年齢は、「官年」などとよばれる。『新訂寛政重修諸家譜』は幕府の編集なので、景晋の宝暦二年生まれは「官年」とする指摘がある。

ところが、景晋の兄弟の出生年をみてゆくとそうとも言えない。景晋の実父永井《ながい》直令《なおよし》の長子、すなわち景晋の兄にあたる直廉《なおかど》は、宝暦四年（一七五四）に将軍に初御目見《はつおめみえ》した時に十六歳、長崎奉行として赴任していた寛政四年（一七九二）に長崎で亡くなった時に五十四歳なので、生年は元文《げんぶん》四年（一七三九）になる。二男為貞《ためさだ》は旗本永見《ながみ》家に養子にゆき、遺跡を継いだ宝暦十年（一七六〇）に十八歳なので、生年は寛保《かんぽう》三年（一七四三）になる。三男時《とき》久《ひさ》は旗本松村家に養子にゆき、天明四年（一七八四）に三十八歳で死去したので、生年は延《えん》享《きょう》四年（一七四七）になる。四男が景晋で、その弟である五男広永《ひろなが》は旗本川勝《かわかつ》家に養子にゆき、遺跡を継いだ寛政三年（一七九一）に三十三歳なので、生年は宝暦九年（一七五九）になる。なお、五男広永と景晋の生母は、ともに鈴木氏（正妻なら鈴木某の女、側室・妾なら鈴木氏と区別して表現される）である。また、四男景晋と五男広永の間に、一男二女が生まれている。

一番近い兄である三男時久が延享四年（一七四七）の生まれで、弟広永が宝暦九年（一七五九）生まれなので、景晋が弟より年が下ということはあり得ない。武家の場合、いろいろな都合、事情で生年を故意に操作することはあるが、これだけ兄弟姉妹が多いとそれは難しい。

景晋は自著『未曾有記《みぞうき》』（『叢書江戸文庫』17、近世紀行集成、国書刊行会、一九九一年、一六九頁）のなかで、「先考《せんこう》（父直令）のたまひしは、浪華監使《なにわかんし》（大坂目付）うけたまわりし年、汝《なんじ》（景晋）は六才成し」と書いている。永井直令は、宝暦五年（一七五五）正月に書《しょ》院番士《いんばんし》から御使番《おつかいばん》になり、翌宝暦六年八月に大坂目付代《めつけだい》として大坂に行っている（『大日本近世史料　柳営補任《りゅうえいぶにん》』三、東京大学史料編纂所、一九六四年、一八三頁）。直令は、その年に景晋は六歳だったと語っているが、直令が大坂から戻ったのは翌年三月なので六歳になる。つまり、宝暦七年（一七五七）に六歳なので、景晋は宝暦二年生まれということになる。

目付になっていた父直令は、宝暦十一年（一七六一）十一月に喜連川《きつれがわ》家の末期養子《まつごようし》（後継ぎのいない当主が危篤状態になって願い出る養子のこと）の見届けに喜連川（栃木県さくら市）に派遣された。任務を果たして江戸に戻った直令は、景晋にそのさいに将軍の御威光の有り難さを実感したと語ったという（前出『未曾有記』、一六四頁）。このことも、景晋が宝暦十二年生まれとしたらあり得ないことである。景晋自身が書いた『未曾有記』からも、宝暦二年の誕生が正しいことになる。そう考えると、景晋の生年は『新訂寛政重修諸家譜』の宝暦二年（一七五二）に従うべきだろう。

もう一つあげておこう。晩年の景晋の姿を伝えるのが、元肥前平戸藩主《ひぜんひらど》、松浦清《まつらきよし》（静山《せいざん》、一七六〇―一八四一年）の随筆（『甲子夜話《かっしやわ》　続篇』第二巻、中村幸彦・中野三敏校訂、東洋文庫、平凡社、一九七九年、三四六頁）である。それは、静山の友人である大学頭林述斎から聞いた話である。

勘定奉行を務めた遠山景晋は、七十歳をはるかに超えた人だが、病をえて辞職したのちは、ふらりと（「飄然《ひょうぜん》」）あちこちを訪れているという。長いこと勤めが忙しかったために疎遠になっていた親類、友人、知人宅を尋ね、林述斎宅に二度もやってきた。騒々しく落ちつきのない今の世の中で、景晋のように名誉とか利益から超然としている人は稀なことだという（「今の熱閙《ねっとう》世界にかく恬退《てんたい》なる人も亦《また》稀なり」）。死ぬ間際まであくせくしている俗物の役人と較べ、その差は大きい。（現代語訳）

述斎が語ったのがいつのことなのか、確定できない。しかし、この記事の前後は文政十二年（一八二九）の事柄なので、述斎の話も同じ年のことだろう。遠山景晋は文政十二年二月に、約十年間務めた勘定奉行職を病気を理由に辞職している。つまりこの記事は、景晋が勘定奉行を辞職し、家督を子の景元に譲った頃のことなのである。景晋は、宝暦二年（一七五二）生まれとすると文政十二年に七十八歳なので、七十歳をはるかに越えた人（「七十を迥《はるか》に超《こえ》し人なるが」）という記述とつじつまが合う。宝暦十四年（一七六四）生まれとすると、文政十二年には六十六歳なので若すぎる。

病気を理由に七十八歳で勘定奉行を辞職した後は、在職中の繁忙に任せて疎遠になっていた親類や友人宅をふらりと訪れ、無沙汰を詫びつつ旧交を温めていたようである。また林述斎は、景晋のことを無欲で人と競おうとしない稀な人だと讃えている。その生き方、あるいは引き際は、死ぬ間際まであくせくとしている俗物役人（「死に至るまで棲々《せいせい》とする俗吏」）と較べ際だって見えたらしい。

勘定奉行は、劇職《げきしょく》である。景晋は、その劇職を七十八歳まで務めた。平均寿命が江戸時代に較べてはるかに延びた現代でも、七十代後半まで劇職をこなす人はそうはいない。死ぬ間際まであくせくする俗物役人と対比して景晋が讃えられているのは、景晋が勘定奉行を最後にきっぱりと辞職し隠居したからだろう。景晋の引き際の潔さが特筆されている。

実は、勘定奉行を務めた人で、在職中に死亡した事例を除いて、幕府の役職を完全に退く者はほとんどいない。勘定奉行から町奉行や大目付《おおめつけ》などに転任する者が多いのである。

年齢が若ければそれも頷けるのだが、景晋と同じようなかなり高齢の人でも転任している。つぎに、景晋と同じ頃で高齢の勘定奉行の例を紹介しよう（『大日本近世史料　柳営補

任』二、東京大学史料編纂所、一九六三年)。

肥田《ひだ》頼常《よりつね》は、文化十二年(一八一五)に七十七歳で勘定奉行から西丸留守居《にしまるるすい》に転任し、さらに旗奉行になり、文政三年(一八二〇)の八十二歳の時に罷免された。有田《ありた》貞勝《さだかつ》は、文化九年(一八一二)に七十七歳で勘定奉行から大目付、留守居、旗奉行へと転任し、文政八年(一八二五)に九十歳で辞任している。

石川忠房《いしかわただふさ》は、文政十一年(一八二八)に八十二歳で二度目の勘定奉行から留守居に転じ、在職のまま九十歳で死亡した。遠山景晋より一歳だけ若い肥田と有田は、大目付や留守居などいくつかの職を転々とし、それぞれ八十二歳、九十歳という高齢で退職している。石川などは、八十二歳まで勘定奉行を務め、さらに留守居に転任して在職中に九十歳で亡くなった。まさに、死ぬ間際まで在職した人たちである。

遠山景晋の先任勘定奉行だった土屋《つちや》廉直《ただなお》は、文政二年(一八一九)に六十一歳で勘定奉行から西丸留守居に、ついで小普請支配《こぶしんしはい》、大目付、留守居と転任し、嘉永《かえい》六年(一八五三)に九十五歳で老衰を理由に退職した。この間、弘化《こうか》三年(一八四六)には、老年まで職務に励んだとし五百石の加増を受けている。老衰するまで務めた事例である。林述斎が、肥田、有田、石川、土屋らを指して死ぬ間際まであくせくする俗物役人と語っているのかどうか分からない。幕臣は、元気なうちは将軍に奉公するのが美徳とされたので、肥田らが非難される謂《い》われはない。ただ、現代でも見受けられる、いつまでも職にしがみつこうとする人々のように彼らが映ったのかもしれない。景晋には引き際の美学があったか。

『新訂寛政重修諸家譜』編集にあたり、旗本らは家譜などの書類、記録の提出を命じられた。遠山家の系譜類を差し出したのは、景晋自身である。遠山家を継いだ年齢を間違える筈はない。すると、子の景元が間違ったことになる。父の生年を「宝暦申年」とだけ記憶したため、十二支の一周分、十二年の間違いを生むことになったのかも知れない。景元はなぜ誤ったのか、とりあえず分からない。

お代官様——悪の代名詞

将軍吉宗の肉声

江戸幕府十五人の将軍のなかには、第七代徳川家継《とくがわいえつぐ》、第九代家重《いえしげ》、第十三代家定《いえさだ》などのように、その存在感があまりに軽くて名前もよく覚えられない人もいる。それに対して、かなり有名だがあまり芳しくない評判の将軍、たとえば生類憐《しょうるいあわれ》みの令や華美な生活の第五代徳川綱吉とか、子供を五十五人も生ませた第十一代家斉《いえなり》とかもいる。

徳川将軍のなかでは、初代徳川家康、三代家光、八代吉宗がもっとも著名な将軍だろう。江戸時代の人々のあいだで、家康は、「神君《しんくん》（東照神君《とうしょうしんくん》）」と神格化され別格の扱いを受けているが、家光は院号が大猷院《たいゆういん》なので「猷廟《ゆうびょう》」と称され、吉宗も同じく有徳院《ゆうとくいん》であるので「徳廟」と呼ばれ、江戸時代も後期になると、人智の及ばぬ名（明）君と讃えられたり崇められ、さらには敬愛の念すら抱かれている。

現代の人々のあいだでは、娯楽時代劇に大久保彦左衛門《おおくぼひこざえもん》（一五六〇―一六三九年）や一心《いっしん》太助《たすけ》との関係で登場する家光、そして名奉行大岡越前守忠相《おおおかえちぜんのかみただすけ》とかかわって出てくる吉宗に馴染みが深いだろう。それまで将軍自身がそのまま主人公になるということはなかったが、吉宗を主人公にした「暴れん坊将軍」というテレビの時代劇が長らく人気を保ち、放映が続けられた。吉宗が姿を変えて江戸城を抜け出し、さまざまな悪を懲らしめるという、いわゆる痛快娯楽時代劇の筋立てで、内容は一言でいえば荒唐無稽である。ここでは、それをあげつらうのではなく、江戸時代人による吉宗の評判の一部を紹介してみたい。

吉宗の名君ぶりを示す逸話は、幕府が十九世紀に入ってから編纂した『有徳院殿御《ゆうとくいんどのご》実紀《じっき》附《ふ》録《ろく》』（『徳川実紀』第九篇（黒板勝美編『新訂増補国史大系』第四十六巻）、吉川弘文館、一九六六年）、一八二〇年代から三〇年代に書かれた肥前平戸藩（長崎県）の藩主であった松浦《まつら》清《きよし》（静山《せいざん》、一七六〇―一八四一年）の随筆『甲子夜話《かっしやわ》』（全二十巻、中村幸彦・中野三敏校

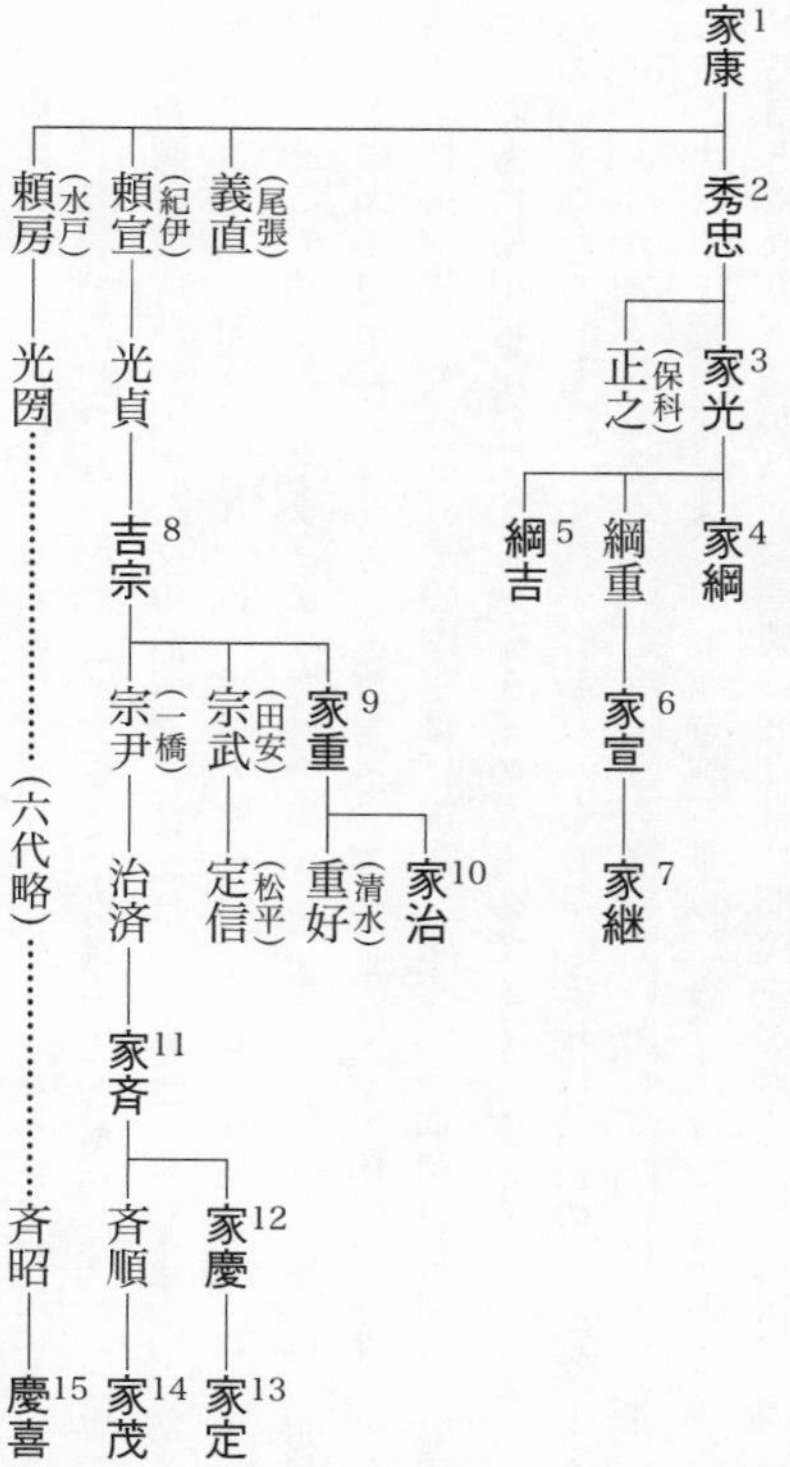

徳川氏略系図（数字は将軍就任の順序を示す）

訂、東洋文庫、平凡社、一九七七―八三年）に、たくさん記されている。その時代の人々にとって、吉宗が名君であったことは、すでに常識のことだった。ここに『廿日草《はつかぐさ》』（東京大学総合図書館所蔵。国立公文書館所蔵本は『はつか艸』）という史料がある。この本はその奥書《おくがき》によると、知行二百五十石の旗本大屋正巳《おおやまさみ》が中心になり、その知人・縁者が毎月会合を持ち、そこで話されたさまざまな逸話を筆録したものという。書名は、毎月二十日に集まったことに因《ちな》んでつけられたらしい。また、「はつか草」が牡丹《ぼたん》の異称ということから、史料名を『牡丹草』ともいう。その内容は、神宮文庫所蔵の本が『有徳公行事記』ともいうように、おもに徳川吉宗に関する逸話を集めたものである。本の成立の時期は、寛政《かんせい》から文化《ぶんか》の初め、すなわち一七〇〇年代の終わりから一八〇〇年代の初めと推定できる。

勘定所のナンバー2である勘定吟味役《かんじょうぎんみやく》を務めていた（享保《きょうほう》三年（一七一八）から同十七年まで）辻六郎左衛門守参《つじろくろうざえもんもりみつ》は、関東地方が不作のため、幕府では他国からの江戸廻米《かいまい》を増加させることになり、辻が以前に美濃（岐阜県）郡代《ぐんだい》を務めていた（元禄《げんろく》十二年（一六九九）から享保三年まで）こともあって、将軍吉宗の御前《ごぜん》に呼ばれた。吉宗は、美濃・伊勢（三重県）あたりの作柄状況を聞き、おそらくはその両国からの廻米増加を求めたらしい。辻はこれに反対したため意見が対立し、吉宗はかなり腹を立て辻に謹慎を命じた。そのため、江戸城内にあった勘定所（城内の御殿《ごてん》勘定所と大手門脇の下《しも》勘定所があった）で勘定奉行らが付き添って慎んでいたところ、しばらくしてふたたび御前に呼び出された。周囲の人々は「必《ひっ》定《じょう》御手《おて》打《うち》」と覚悟し、辻も謹んで吉宗の御前に出て平伏したところ、吉宗は、

先刻のはおれがわるかつた、其方《そのほう》が申す所尤《もっとも》なり、ゆるせ〱、

といって笑ったという。辻は、顔色も変えずしかもうれしそうな顔もせずに戻ってきたので、勘定所内では「天晴《あっぱれ》成る御役人」と評判になったという。辻を誉《ほ》めている逸話であるが、吉宗の話し言葉が伝わってくる。

これはいつのことかわからないが、あるとき吉宗が江戸城を出てどこかへ外出（これを御《お》成《なり》という）したときのことである。かなり細い道で、小川か何かに架かっていた橋（伝《つた》い橋）を渡ったさい、その橋の板が折れてしまった。将軍が安全無事に渡れるように、橋を丈夫に造っておかなければならないはずなので、お供の人々はどのようなお叱りを受けるかと戦々兢々としていたところ、吉宗は、

年は寄《より》たれ共《ども》、此の橋を踏み折るは、おれもまだ頼もしい、

と御機嫌だったという。渡ったら折れてしまうような粗末な橋を造った責任を厳しく問われるところを、そのようにいって笑ってすました吉宗の度量の大きさを讃えている逸話であるが、ここにも肉声が伝わってくる。

これは、『有徳院殿御実紀附録』にも載っているので、有名な逸話だったらしいが、それ

にもいつのこととは書かれていない。場所は新久村（不詳）という、羅漢寺《らかんじ》の近くの村だという。羅漢寺は、現在の東京都江東区大島《おおじま》三―四丁目で亀戸《かめいど》村にあった黄檗宗《おうばくしゅう》の羅漢寺（現在は目黒区）のことであろう。吉宗が鷹狩をして、村のはずれの小さな板橋を渡ったとき、その板橋が壊れてしまった。随行の者は慌てたが、吉宗は「我力にまかせて強く踏みしゆへ、板折しなり」といって通り過ぎ、関係者には何のお咎《とが》めもなかったという（前出『徳川実紀』第九篇、二八二頁）。吉宗の寛大さ、慈悲深さ、心の広さを伝える逸話として収録されているが、『廿日草』の方は、吉宗の話し言葉になっているので、あたかも吉宗の肉声が聞こえるようである。

これもいつのことかわからない。いつも側《そば》に仕えている小性《こしょう》や小納戸《こなんど》が集まったさいに、吉宗は、

この節、世上賑《にぎ》やかに聞こえ候、其方《そのほう》共も浅草辺などふらつき候はゝ、おれは知りてもよいが、用取次《ようとりつぎ》の者の知らぬ様にあるき候へ、

と話したという。将軍の側近くに仕えている者たちのなかにも、繁華にして遊興の巷《ちまた》である浅草（台東区）あたりに出かけ、遊んでくるということがよくあったらしい。誰かからご注進があったのだろうが、そのことを直接に咎めてやめさせるのではなく、将軍の側近で、老中以下とのあいだを取り次ぐ重職である「用取次」（正式には、御側御用取次《おそばごようとりつぎ》）の耳に入ら

ないようにしろとたしなめている。その後、小性たちが浅草などへ出かけることはなくなったという。本来なら厳しく咎めるところを、吉宗だけの耳に入るのならかまわないが、といいつつ婉曲にたしなめたわけである。

これは、『有徳院殿御実紀附録』の逸話に載っていない。ただ、まだ紀州藩（和歌山県）の藩主であったころのことで、若い小性が日夜遊里へ行って遊んでいると別の役人から指摘を受けた吉宗は、その小性を厳しく譴責《けんせき》することなく、御殿の火の番を命じたという。その小性は昼夜火の番に精励し、外出する時間がなくなったので遊里へ行くこともなくなり、のちに品行方正な人物になったという逸話が載せられている（前出『徳川実紀』第九篇、一三九頁）。人が過ちを犯したときに、吉宗が怒って叱りつけるのを聞いたことがないと近臣が語っているが（前出『徳川実紀』第九篇、三二六頁）、厳しく譴責、叱責するのではなく、婉曲にたしなめて善導する、その巧みさと度量の大きさを讃えている。

さきに見たように、完全な話し言葉にはなっていないが、かなりそれに近い表現で書かれている。もちろん、吉宗がそのように話したのかどうかの確証はない。しかし、自身のことを「おれは」とか「おれが」とかいうなど、吉宗の肉声が聞こえてくるような気がする。空耳か。

なお、氏家幹人氏『江戸人の老い』（PHP新書、二〇〇一年、のち草思社文庫、二〇一九年）に、晩年に脳卒中で倒れ、言語が不明瞭になった吉宗の言葉、といってもはっきりしない、文章にならない短い言葉であるが、側近の者が一所懸命に書き留《とど》めたものが紹介されている。

将軍の生《なま》の言葉はよくわからない。儀式や行事のさいの言葉（形式化した言葉であるが）が、深井雅海氏『図解 江戸城をよむ』（原書房、一九九七年）に紹介されている。武家諸法《ぶけしょはっ》度《と》を頒布するときや役人任命のとき、さらに家督相続や参勤交代の折などに十代将軍徳川家《いえ》治《はる》（一七三七―八六年）が発した言葉を記録したものだという。相手に「それへ」「念を入《いれ》い」「念を入《いれ》て勤《つとめ》い」「一段な義じや」などの言葉が記録されていて、貴重な資料である。

『廿日草』には、人の力量を目極める能力（「お眼鏡」）、人が精一杯働くための動機づけに関する徳川吉宗の逸話がたくさん載っているし、御成の行列を横切ったイタチに「憎いやつめ」といったところ、そのイタチが即死してしまうほどの「御威光」を持った将軍として描かれている。しかし、さきの家治の発言についての記録とは性格を異にし、儀式・行事などの公的な場ではないところでの吉宗の発言は、より生の肉声に触れた感じがする。自身を「おれが」といったり「ゆるせ〳〵」といったりして、吉宗に対してざっくばらんでさばけた印象を持つのだが。

遊芸を許す田沼意次

田沼意次《たぬまおきつぐ》（一七一九―八六年）と松平定信《まつだいらさだのぶ》（一七五八―一八二九年）は、対照的な人物、幕府政治家として描かれることが多い。意次は天明《てんめい》六年（一七八六）八月、力を注いだ重要政策がことごとくうまく進まず、政権として立ち往生してしまった。そのちょうど同じ頃に、意次の庇護者であり力の源泉だった十代将軍徳川家治《いえはる》が重態になり、死去する事態のなかで、老中を辞職せざるを得なくなった。そして、翌天明七年六月に老中の座についた定信は、寛政《かんせい》の改革とよばれる幕政改革に取り組み、田沼時代の諸政策を否定し、意次に厳罰を加えた。改革政治をアピールするため、前政権との違いを際だたせる政治的な思惑もあり、田沼政治と意次を断罪した。

政策面で異なるのみならず、その出自が対照的でもある。田沼家は、意次の父、意行《おきゆき》以前はあまりはっきりしない。意行は、後に和歌山藩主、ついで八代将軍になる徳川吉宗が、まだ藩主でもない部屋住みの時に小性として仕え、藩主になるとその小性、そして将軍になると江戸に召し連れられて小性役を務め、知行六百石の旗本になった。意次は、意行の長男として江戸で生まれ、吉宗の長男、家重《いえしげ》の小性に取り立てられた。知行六百石の小性を振り出しに、九代将軍徳川家重、十代将軍徳川家治の二代にわたり厚い信任を得て、役職も御側御《おそばご》用取次《ようとりつぎ》から老中にまで昇進し、知行も何度も加増を受け五万七千石の大名に、さらに遠江《とおとうみ》相良《さがら》（静岡県牧之原市）の城主にまで出世したのである。定信との対比でいえば、雑草、雑種のようである。

松平定信は、八代将軍徳川吉宗の子で三卿《さんきょう》のひとり、田安宗武《たやすむねたけ》の子、つまり吉宗の孫にあたるという貴種である。吉宗—家重—家治と続く将軍の側近だった田沼親子とは、その点で接点があった。定信は、陸奥白河《しらかわ》藩十一万石松平家の養子になり藩主、ついで老中に就任した。和漢の学問を修め、和歌や絵画に優れ、古書画や古器物を蒐集した。意次が著作物を一切残していないのに対し、定信の著作は二百点とも言われる。定信が文人・学者的政治家とすると、意次は実務的政治家といえる。雑草・雑種と貴種、実務的と文人・学者的と対照的である。

生い立ちも幕府政治家としてのスタイルも対照的な意次と定信は、「遊芸」「芸能」への対応も対照的だった。まず、「遊芸」とは何か。『広辞苑』（第七版、岩波書店）によれば、「遊びごとに関した芸能」のことで、具体的には、謡曲・茶の湯・いけ花・舞踊・琴・三味線・尺八・笛・香・講談・浪花節・落語・俗謡などがあげられている。『日本国語大辞典』（第二版、小学館）は、ほぼ同じ説明とともに、かなり古い語意らしいが「文芸の世界。学問、文学」があげられている。「芸能」とは、平賀源内（一七二八—七九年）が宝暦《ほうれき》十三年（一七六三）に、辻講釈師深井志道軒《つじこうしゃくしふかいしどうけん》を主人公にして世相を風刺した滑稽本《こっけいぼん》『風流志道軒伝《ふうりゅうしどうけんでん》』によると、立花・茶の湯・鞠《まり》・揚弓《ようきゅう》・詩歌・連誹《れんぱい》があげられ、歌舞音曲などの芸事だけではなく、遊技、遊芸、文芸も含むものとして使われている。やはり、「遊び」「遊ぶ」という点が大切らしい。

意次は、いつかはっきりしないが、大名になって以降のある時期に、子孫に対して遺訓《いくん》を作成した。そして、意次自筆の本紙の写本を作り、毎年正月に家老と中老《ちゅうろう》を一室に集めて読み聞かせる儀式を行うよう指示している。現在、意次自筆の本紙は伝わらず、草稿の「遺訓案《あん》」（個人蔵）が残っている。遺訓は全七ヵ条からなり、その第五条がつぎの文章である。

武芸懈怠《ぶげいけたい》なく心がけ、家中《かちゅう》の者どもへも油断なく申し付け、若き者どもはべっして出精候ように心がけさせ、他見《たけん》苦しからざる芸は、おりおり見分致させ、ままには自身も見物これあるべく候、かつまた、武芸心がけ候うえ、余力をもって遊芸いたし候義は勝手《かって》次第《しだい》、差し留《と》めに及ばず候事、
　ただし、不埒《ふらち》なる芸は致させまじきこと、もちろんに候、

現代語にすると、「藩主自身は武芸の稽古を怠りなく励み、家来へも油断なく命じ、若者たちはとくに武芸に励むように心がけさせ、人に見せても構わない武芸は、師範役などに点検させ、ときおりは藩主自身も見物しなさい。また、武芸稽古に熱心に取り組んだ後の余力で遊芸をするのは自由なので、禁止する必要はない、ただし、不埒な遊芸をさせてはならないのは当然である」となる。大名自身と家来に武芸修練を勧めるのは当然だが、その余力で

家来たちが遊芸を嗜むことは自由、という遺訓・家訓は珍しいのではないか。

意次が禁止するなという不埒ではない遊芸とは何なのかよく分からない。幅広く「遊び」「遊ぶ」ことに関わる芸能、近代風にいえば趣味のことだろう。

松平定信は、まだ老中になる前の天明六年（一七八六）末か翌年初めに提出したと推定されている意見書（全文は、辻善之助『田沼時代』、岩波文庫、一九八〇年、二二三―二三四頁所収）のなかで、次のように主張している。

御家人《ごけにん》または家中者《かちゅうもの》（大名家の家来）に、当世の口合《くちあ》い（語呂《ごろ》あわせの洒落《しゃれ》）の小冊をこしらえ、芝居者と名をひとつにいたし、最とも変名《へんめい》（ペンネーム）いたし候輩《ともがら》これ有り候。これらきっと御叱《しか》りこれ有り候わば、当時の風俗のためと存じ奉《たてまつ》り候事、この儀甚だの小事と人々存じ候えども、甚の害と相見申し候。人々見候て、害にはなるまじと存じ候もの故、害に相成り、風俗のくずれに罷《まか》り成り申し候事、御座候。

現代語にすると、「幕府の御家人（将軍に御目見《おめみえ》できない幕臣）や大名の家来のなかに、語呂合わせの洒落の冊子を作り、芝居者と連名にし、なかには変名を使っている連中がいる。この連中を咎めれば、今の乱れた風俗の矯正になる。たいしたことじゃないと思っているらしいが、ひどく風俗を乱している。人々がみて害にはならないと放置するため、有害で風俗が乱れる原因になることがある」となる。

幕臣や藩士が、語呂合わせの洒落のようなものを、芝居者と連名やペンネームを使って出版しているのを、風俗矯正の観点から取り締まるべきだという意見である。この取締りは、定信が老中になり寛政の改革を始めると具体化する。

定信がやり玉にあげたのは、幕臣では大田《おおた》直次郎《なおじろう》（一七四九―一八二三年）、藩士では秋田藩の平沢常富《ひらさわつねとみ》（一七三五―一八一三年）、駿河小島《おじま》藩（静岡市）の倉沢格《くらさわいたる》（一七四四―一八九年）らである。皆、狂歌、狂詩、黄表紙作者としては、定信言うところの「変名」を用いていた。もっとも有名なのは、狂歌・狂詩文に優れ戯作も書いた大田直次郎（南畝《なんぽ》・蜀山《しょくさん》人《じん》）で、四方赤良《よものあから》、寝惚《ねぼけ》先生、山手馬鹿人《やまてばかひと》などの狂名《きょうめい》を用いた。寛政の改革が始まると、狂歌と戯作を止めた。平沢常富は、朋誠堂喜三二《ほうせいどうきさんじ》、手柄岡持《てがらのおかもち》の名で黄表紙や狂歌を作り、寛政の改革を風刺した『文武二道万石通《ぶんぶにどうまんごくどおし》』を書いたあと筆を絶った。黄表紙作者・浮世絵師として活躍した倉沢格は、住んでいた藩邸の所在地、小石川春日町をもじって恋川春町《こいかわはるまち》を用い、黄表紙『金々先生栄花夢《きんきんせんせいえいがのゆめ》』が代表作で、寛政の改革を風刺した『鸚鵡返文武二道《おうむがえしぶんぶのふたみち》』を書いたのち自殺したともいわれる。

このほかに、御《お》先手《さきて》同心《どうしん》の山崎景貫《かげつら》（一七三八―九八年）は、狂歌師名朱楽《あけら》菅江《かんこう》を名乗り、田安家の家臣で小島源之助（一七四三―一八〇二年）は、唐衣《からごろも》　橘洲《きっしゅう》の狂名を使って活躍した。彼らが、定信がいう御家人の不埒者である。いわゆる田沼時代に発展した、黄表紙、狂歌、狂詩をになった幕臣や藩士は定信の目の敵にされ、筆を折らざるをえなかった。

狂歌、狂詩、黄表紙などが、意次が許した「遊芸」の中に入るのかという問題はある。しかし「遊び」「遊ぶ」という要素は強い。

田沼時代の社会の風潮は、御慈悲、諸事《しょじ》穏便《おんびん》、慇懃《いんぎん》馬鹿《ばか》丁寧《ていねい》である。犯した罪を一等減じるのが御慈悲とされ、その結果、善悪・賞罰の基準が曖昧になり綱紀が緩んだと批判された（御庭番《おにわばん》梶野《かじの》平九郎『風聞書』、『東京市史稿』産業篇第三十一、東京都、一九八七年）。賞罰をはっきりさせず、ことを荒立てない、触書の文面も角がたたないように配慮するなど、諸事穏便が重視され、その結果、三日《みっか》法度《はっと》などとよばれ法の権威・威厳が薄く、規範意識が弱くなったと批判された（植崎《うえざき》九八郎《くはちろう》『上書』、『日本経済大典』第二十巻、滝本誠一編、明治文献、一九六八年）。幕府役人らの挙動や文書の文面が、慇懃《いんぎん》で馬鹿丁寧すぎると、寛政の改革期には非難された（『御触書天保集成』下、高柳眞三・石井良助編、岩波書店、一九四一年、三一八頁）。

辻善之助氏は、百年以上も前に書かれた名著『田沼時代』（岩波文庫）のなかで、意次は「寛大」「寛裕」に対比して、定信は「窮屈」と指摘されている。意次はなにごとも寛容だったが、定信は厳格だったともいえよう。家来に余暇の「遊芸」、趣味の自由を許す意次に、大田南畝、朋誠堂喜三二、恋川春町らを咎める必要はない。田沼時代に文芸の世界で川柳《せんりゅう》、黄表紙、狂歌などが著しく発展したのは、意次の「寛容」のお陰ともいえるだろう。

今では、田沼時代の文化を宝暦天明文化として理解するのが普通になってきている。従来、江戸時代は、元禄文化と化政文化の二大文化とされてきたが、どちらにも入りきらない多様な文化が田沼時代に発展したことから、宝暦天明文化と括られるようになった。国学や洋学などの新しい学問が発展し、絵画の世界では写生を重視した画風が広まり、多色摺りの木版による錦絵《にしきえ》が考案されて浮世絵版画が隆盛し、演劇では、歌舞伎が人形浄瑠璃を圧倒し、歌舞伎に三味線が取り入れられたことから、長唄《ながうた》、常磐津《ときわず》、新内節《しんないぶし》などの音曲《おんぎょく》が発展した。この文化の多様な発展は、意次の遊芸容認とまったくの無関係ではないだろう。

お代官様――悪の代名詞

時代劇に代官が登場すると、おおむねワルの悪代官で、年貢や税を厳しく取り立てて領民を苦しめる役どころと決まっている。あるいは、悪徳商人らとつるんでワイロや袖の下をもらって便宜をはかり、「○○屋、そちも悪人よのう」というと、商人が「お代官さまこそ」などと受け、どっと笑って酒宴をするというのがお定まりのシーンである。人々に慕われるような代官が出てくることは、まずないのではないか。「泣く子と地頭《じとう》には勝てぬ」といわれるが、お代官様といえば、威張り散らして領民に無理難題を押しつける人の代名詞のようであり、代官は悪人ばかりだったという印象すら持たれている。

代官は幕府だけの職ではないが、幕府の代官は旗本で、五十人前後いて、勘定奉行の指揮下に、全国約四百万石にのぼる幕府領（俗に天領という）の支配にあたった。幕府領の領民を支配して年貢や税を取り立て、その年貢米と金銀を江戸幕府に送るのがおもな役目である。江戸幕府の財政はそれによって成り立っているのだから、職務はきわめて重いものだった。幕府の地方民衆支配の第一線に立つとともに、幕府の財政収入を実現させる役割を担っていた。

勘定奉行の指揮・監督のもとでその職務を果たしているのだが、幕府領の人々は勘定奉行の顔など見たこともないので、矢面《やおもて》に立つ代官が領民からいい目で見られるわけがない。いつの時代でも同じだろうが、損な役回りは誰かがやらなければならない。たしかに、飛驒（岐阜県）郡代《ぐんだい》を務めた大原彦四郎紹正《おおはらひこしろうつぐまさ》・正純《まさずみ》父子のように、新規の課税や新田畑の検地などを強行し、それがもとで激しい百姓一揆や騒動を引き起こした代官もいた（明和《めいわ》八年（一七七一）—寛政《かんせい》元年（一七八九）の長期にわたり、大原騒動と呼ばれている）。任地で実績をあげ、より高い地位につきたいという個人的な欲もあっただろうが、多くはそのときどきの幕府の政策を忠実に——いささか忠実すぎたが——実行したまでのことである。問題が起こると、第一線で苦労した人間が切り捨てられる。

ところが、代官のなかには、領民から在職中の功績を讃えられ、それを顕彰する石碑を建てられたり、果ては神社の神様にまつられる、まさに名代官ともいうべき人がいる。江戸幕府代官の民政を讃えた記念碑や顕彰碑、あるいは生前から代官を祭神としてまつった生祠《せいし》について精査された村上直氏によると、その数は四十三名、九十一ヵ所にのぼるという（「江戸幕府代官の民政に関する一考察」、『徳川林政史研究所研究紀要』昭和四十五年度、一九七一年）。その数は、十九世紀前半の文化《ぶんか》・文政《ぶんせい》期から天保《てんぽう》期にかけて増加し、しかも、享保《きょうほう》期（一七一六—三六年）のそれは、代官の下役である手代《てだい》や代官の子孫らの手により建てられたのに対して、それ以降は代官所の領民により建てられるケースが多くなっている。代官所の役人や代官の一族が代官の治績を讃えるのではなく、領民が代官を顕彰したのである。

そのような民衆的な名代官ともいうべき人は、元号でいうと寛政から文化・文政期、西暦でいうと十八世紀末から十九世紀前半にかけて代官を務めた人に多い。その時期は、名代官の時代といってもよいのではないか。寛政十二年（一八〇〇）の時点で、幕府の代官は五十八人いるが、このうち四十四人は、老中松平定信《まつだいらさだのぶ》（一七五八—一八二九年）を中心におこなわれた寛政の改革の始まった、天明《てんめい》七年（一七八七）以降新たに任命された者で、全代官の七十五パーセントが交替したことになる。新任の代官には、それまでの地位や禄高《ろくだか》、あるいは代々にわたって代官を務める家柄かどうかなどに関係なく、有能な人材が登用されたという（柏村哲博『寛政改革と代官行政』国書刊行会、一九八五年）。

名代官を二人だけ紹介しよう。寺西重次郎封元《てらにしじゅうじろうたかもと》（一七四九—一八二七年）は、小十人組《こじゅうにんぐみ》番士という将軍警護の役から代官となり、寛政四年（一七九二）から亡くなるまで三十六年間の長きにわたって、陸奥《むつ》塙《はなわ》・桑折《こおり》（福島県東白川郡塙町、伊達郡桑折町）など十四万石の幕府領を支配する代官を務めた。在職中は、天明の大飢饉《だいききん》によって荒廃した農村を復興させるため、人口が減る原因となっていた間引《まび》きの禁止、子育てを支援するための小児養育料の支給、『子孫繁昌手引草《しそんはんじょうてびきぐさ》』という教諭書による領民教化などに尽力した。生きているうちから寺西を神とまつる生祠が、文化十四年（一八一七）と文政二年（一八一九）に領民によって造られ、さらに寺西大明神という神社まで建てられた。

岡田《おかだ》寒泉《かんせん》（清助、一七四〇—一八一六年）は、「寛政の三博士」の一人に数えられたほどの有名な儒者であるが、寛政六年（一七九四）に常陸《ひたち》（茨城県）で五万石を支配する代官になった。荒廃した農村の復興のため、小児養育料の制度を作るなど、儒教的な「仁政」を実践したといわれる。在職十五年に及んだ文化五年（一八〇八）に、寒泉が幕府に辞表を出すと、それを聞きつけた領民から留任運動が起こり、そのため同九年まで在職した。文化七年には領民によって生祠が造られて岡田大明神とまつられ、その後も寒泉塔や功徳碑《くどくひ》が建てられた。

　転出する代官を引き止めようとする留任運動が起こった例としては、美作《みまさか》（岡山県）久世《くせ》の代官早川《はやかわ》八郎《はちろう》左衛門《ざえもん》正紀《まさとし》（一七三九―一八〇八年）が武蔵《むさし》代官に転任するときにもあった。また、功績を讃える碑を建てられた代官としては、下野《しもつけ》（栃木県）真岡《もおか》代官の竹垣三《たけがきさん》右衛門《えもん》直温《なおひろ》（一七四一―一八一四年）、同じく下野吹上《ふきあげ》代官の山口《やまぐち》鉄五郎《てつごろう》高品《たかかず》（？―一八二一年）などがいる。神様としてまつられた代官としては、岸本《きしもと》神社が建てられた下野代官の岸本武太夫《ぶだゆう》就美《なりよし》（一七四二―一八一〇年）らがいる。

　寺西封元が三十六年間も代官を務めた陸奥塙代官所の、寺西以前の代官の平均在職年数は、二年十ヵ月にすぎない。当時の幕府代官は、ある代官所への勤務を命じられると、そこへ赴任する前につぎの勤務地への転任願いを出すのが当たり前といったように、同じ代官所に腰を据えてじっくり職務を果たそうという姿勢に乏しい腰掛け代官だった。それでも代官の役をそれなりに務めることができたのは、長期間にわたり、あるいは父子代々にわたって代官所の役人として勤めた手代《てだい》らの存在があったからである。要するに、代官所の実務に熟練した手代などの下役が、実際には代官所を運営していたからである。

　ところが寛政の改革により、代官所の職務を手代たちまかせにしないで、代官みずからおこなうようにと命じられ、早すぎる転任願いの提出も禁じられた。そのため、一ヵ所の代官所でじっくり仕事をする代官が多くなった。それが、荒廃した農村の再興を第一の課題として取り組んだ寛政の改革の政策とともに、寛政期以降に名代官が輩出する理由の一つとなった。

江戸時代後期になると、下総《しもうさ》（千葉県）佐倉《さくら》藩領の佐倉惣五郎《そうごろう》（生没年不詳）や上野《こうずけ》（群馬県）沼田《ぬまた》藩領の磔《はりつけ》茂左衛門《もざえもん》（生没年不詳）などがとくに有名であるが、百姓一揆の指導者として一命をかえりみることなく働き、領主の弾圧によって非業《ひごう》の死を遂げた者を義民として讃える義民伝承が数多く成立している。義民をまつる稲荷や地蔵、供養碑が建てられたところもある。承応《じょうおう》二年（一六五三）、下総佐倉藩領公津《こうづ》村（成田市）の名主木内《きうち》惣五郎は、領主である佐倉藩堀田《ほった》家の苛酷な支配を将軍に直訴《じきそ》し、妻子ともども磔刑《たっけい》にされたというが、確実な史料はなく、一揆が実在したのかどうかもはっきりしない。しかし、親から子へ惣五郎は義民としてひそかに伝承された。その義民伝承をもとに、佐倉藩の苛酷な支配と惣五郎の直訴、彼の怨霊が佐倉藩主夫妻にとりついたことを内容とする『地蔵堂通夜物語《じぞうどうつやものがたり》』が、十八世紀後半以降に創作されたらしい。さらには、嘉永《かえい》四年（一八五一）、江戸中村座《なかむらざ》で惣五郎の伝承をもとにした歌舞伎『東山桜荘子《ひがしやまさくらそうし》』（三世瀬川如皐《せがわじょこう》作）が初演されて評判をとり、全国にその名が知られた。

義民の顕彰と名代官を顕彰する動きとが並行している。支配者である代官と支配者に弾圧された義民、立場はまったく逆だが、村や地域のために尽くした人を顕彰しようとする点で同じものといえるのではないか。十九世紀に入り、村や地域はその姿を大きく変貌させ、さまざまな困難に直面していた。村や地域の指導層、あるいは代官たちに、そのような事態の打開が要請されたのである。なお、町民から表彰されたわけではないが、江戸町奉行にも十八世紀末ころから名奉行といわれた奉行が輩出した。名奉行物語としての『大岡政談』も十八世紀後半以降に形を整え始め、十九世紀半ばに確立している（『大岡政談』全二冊、辻達也編、東洋文庫、平凡社、一九八四年、解説）。江戸の名奉行も、農村部の名代官や義民顕彰の動きと並行しているのである。

かつて村や地域を救うために一命を犠牲にした人を義民として讃え、支配者ながら村と地域の復興という課題に取り組んだ代官を名代官として顕彰した、この一見相反するような動きは、いわばコインの裏表の関係にあったのではないか。そして江戸町奉行も。

秘薬「熊胆」の値段

秋田市内のある飲食店で地元新聞を見ていたら、熊胆《くまのい》の記事が載っていた。こういう記事が出てくるのは、さすがに「またぎ」の本場秋田だけのことはあると感心した覚えがある。その記事によると、熊胆をとるために熊が過剰に捕獲されているのではないかと問題になり、ニホンザルとともにその利用の実態を調べることになったという。国内の漢方薬店の七十七パーセントが熊胆（漢方では「ゆうたん」と呼ぶ）を取り扱っていて、その需要は年間で二百キログラムに及び、それはなんと熊一万頭分だそうだ。大人のツキノワグマの体重が、約百二十キログラムだそうだから、合計千二百トンの熊から、わずかに二百キログラムの熊胆しかとれないことになる。現在の日本では、本州と四国、九州にいるツキノワグマと北海道にいるヒグマが代表的な熊であり、狩猟や有害駆除の名目で捕獲されるのは、年間で約二千四百頭だという。単純計算で、七千六百頭分は輸入された熊胆ということになる。

民家の近くに現れたとか、山菜やきのこ取りで山に入った人が襲われたなど、熊にかかわる事件を新聞でよく見かける。熊が棲息できる場所が狭まったために頭数は減り、熊も棲みにくくなったものだと嘆いていることだろう。それでも年間で二千四百頭も捕獲されていたことは、私には驚きであった。

何のために熊を捕獲するのか、昔から第一の目的は熊胆をとることであった。熊の胆嚢《たんのう》をとり出して、乾燥させて薬として用いる。飲んだことがないのでよくはわからないが、ものすごく苦い味だそうである。高熱を出して痙攣《けいれん》を起こしているような子供の気付け薬、また腹痛や消化不良の解消薬、強壮剤として珍重されたという。江戸時代の初めに、明《みん》の時代の本草学者である李時珍《りじちん》（一五一八—九三年）が書いた『本草綱目《ほんぞうこうもく》』が入り、熊胆の効能が伝えられて有名になったらしい。大変に珍重されただけあって、値段もかなり高価なものだった。熊胆一匁《もんめ》（三・七五グラム）と金一匁とが同じ値段で、米一俵（六十キログラム）に相当したとかいわれるほどである（以上の熊と熊胆に関する記述は、『平凡社世界大百科事典』による）。現在の人々が、熊胆にどのような効能を求めているのか知らないが、価格はそうとう高いらしい。

効能のすぐれた薬であったので、江戸時代の人々はよい熊胆を手に入れようと努力したらしい。当然、将軍も入手をはかり、幕府は「またぎ」の本場秋田藩にその上納を求めている。文化《ぶんか》十二年（一八一五）の例を紹介しよう。老中の土井利厚《どいとしあつ》から指示された秋田藩は、熊胆を国元から運ばせて上納した。その数え方はよくわからないが、秋田藩では国元から熊胆「三具」を取り寄せ、それを「一具」ずつ奉書紙《ほうしょがみ》で包み、その三包みを一箱に入れて上納している。理由は不明だが、幕府の方から献上物として上納せよと命じられたわけではなかったので、それを入れた箱の上に、「進上」とは書かず「熊胆　三具　佐竹徳寿丸《さたけとくじゅまる》（義厚《よしひろ》）」とのみ書いている。献上物ではなく上納物という扱いらしい。いずれにしても、秋田藩は幕府の命令で、領内で獲れた熊からとり出した熊胆を上納していた（「色々合冊」二ノ下、秋田県立文書館所蔵）。

熊胆を求めたのは、将軍だけではなかった。かの名奉行として名高い遠山金四郎景元《とおやまきんしろうかげもと》も、これを求めた。遠山は、天保《てんぽう》十一年（一八四〇）三月に北町奉行に就任するまでは勘定奉行だった。そのころ、豊田友直《とよだともなお》という旗本が飛騨郡代《ぐんだい》に任命され、天保十一年四月に、任地である飛騨高山《たかやま》（岐阜県高山市）にあった郡代の陣屋《じんや》へ向け、江戸を発った。勘定奉行の遠山と飛騨郡代の豊田は、勘定所の職制からいえば上司と部下の関係になる。遠山は、その豊田に熊胆の入手を頼んでいる。遠山は、悪くいえば上司という立場を利用して部下の豊田に熊胆を送らせたのである。

豊田友直は筆まめな人で、かなり丁寧な日記（『豊田友直日記』、東京大学法学部法制史資料室所蔵）をつけていた。その日記は、郡代としての公務も記述しているが、個人的な事柄やさまざまな感想と意見なども書いていて、なかなか内容の面白い日記である。そのなかに、遠山から熊胆を頼まれたことが出てくる。

江戸を出発する前に、遠山から「正真の熊胆」を調達してくれと頼まれた。当時民間では、うさぎ、たぬき、きつねなどの胆嚢も熊胆と称していたというし、おそらくにせものが出回っていたのだろう。私の母親は長野県上伊那《かみいな》郡の山がちのところの出であるが、その父親たちはよく熊胆を飲んでいたという。高価なものをそんなに飲めるとは思えないので、おそらくはきつねかたぬきの「熊胆」だったのではないか。だからこそ遠山は、正真正銘の本物を送ってくれと頼んだのだろう。豊田は、四月十一日に江戸を発って、二十六日に高山陣屋に着いている。そして、五月二十七日には早くも熊胆を入手しているので、豊田は上司であった遠山の要望に早く応えようとしたらしい。

高山陣屋の現地責任者に命じて熊胆を捜させたところ、徳兵衛《とくべえ》という百姓が持っているというので、一つ持ってこさせた。それは、長さが四寸五分（十三・六センチメートル）、幅が二寸八分（八・五センチメートル）、厚みが二分五厘《りん》（七・六ミリメートル）、重さが十八匁七分（七十・一グラム）という大きさだった。富山市売薬資料館で見せていただいた熊胆は、色は黒く、細長く、一方が膨《ふく》らんだ氷嚢《ひょうのう》のような形状である。代金は、相場が熊胆一匁が銀五十五匁なので、金十七両二朱だという。ただ、近年高山でも払底《ふってい》していて、熊胆一匁が銀六十匁と相場が高くなっているらしい。豊田友直の日記によると産地の飛騨高山でも、熊胆一匁（三・七五グラム）が金一両に相当している。

金一両を現代のお金に換算するのは難しい。米の値段が物価に占める役割が大きかったころは、米価を使って換算したりしていたが、米価が物価のなかで持つ意味が変わってしまった現在、必ずしもふさわしい比較基準になりえない。大阪歴史博物館副館長を務めた相蘇《あいそ》一弘《かずひろ》さんは、天保期、すなわち一八三〇年代ころの一両は、現代では二十万円に相当するといっている。これを使わせていただくと、熊胆一匁は二十万円になる。一グラムで五万三千三百三十三円である。江戸に持っていって、薬種《やくしゅ》問屋などで販売すれば、これよりはるかに高い値段がつくだろう。熊胆は、たしかに高価なものだったことがわかる。

その熊胆をとり出した熊そのものは、前年の十一月に加賀（石川県）白山《はくさん》の前山《まえやま》で捕獲したもので、「極最上」の熊胆という触れ込みだった。豊田は、その口上をなお信用しなかったらしく、高山町の薬種屋で半右衛門という者が鑑定にすぐれているというので、それを見せたところ、「極品」であるとの鑑定結果を得た。ただ、たとえ正真正銘のものでも、熊の年齢や捕獲した季節、さらには捕まえ方まで、さまざまな条件によってかなり品質が違ってくるという。なお豊田によれば、「雪中を第一」とするそうである。雪中の季節といえば、冬眠中の熊が一番ということになる。

このように同じ熊胆でも、品質のよいものと劣るものとがあるので、豊田は素人がそれを見極める方法を書いている。それによると、茶碗に水を入れ、それへ粟粒《あわつぶ》ほどの粉末を落とす。よい品ならば、くるくると早く回りながら茶碗の底に沈み、速やかに消えてしまうという。ところが、質の劣る熊胆は、茶碗のなかで回るのが遅く、消えるのも遅いそうである。

豊田は、「極最上」の熊胆を江戸の遠山景元のもとへ送ったらしい。そこで豊田は、今年の冬は熊一頭を高山陣屋へ運ばせ、目の前で熊胆をとり出させて手干《てぼ》しにするよう命じている。熊胆は病気が重くなり危急のときに効能のある秘薬なので、値段は高くともぜひ「極品」、すなわち極上品を手に入れたいと思い、捕まえ方や熊の選び方などを説明しておいたという。

豊田がみずからの日記に書いている熊胆に関する知識が、どの程度のもので、またどれほど正しいのかなど私にはわからないが、熊の選び方から捕獲する時期、さらには素人でもできる極上品の鑑定方法の記述などから、相当に詳しい知識を持っているのではないかと思われる。そこに、彼らの熊胆への強い関心を窺い知ることができる。遠山らは、飛騨が極上のものがとれるところで、しかも江戸よりはるかに安い価格で入手できると知っていて、いいチャンスとばかりに赴任する郡代にそっと頼んだのであろう。将軍から代官まで、秘薬である極上の熊胆の入手に非常に熱心だったことがわかる。

「謙譲の美徳」の裏側

辞退とは、何かの役職や地位に任命されたり、勧誘されたときに、それを断ることであり、謙退《けんたい》も同じような意味ではあるが、辞退よりへりくだって遠慮して断るという語感がある。その職や地位につくのが嫌で断る辞退もあるし、自分には本当に向いていない、手に余る、つまり適任ではないと判断して断る場合もあろう。自治組織やPTAの役員などは、時間がとられるから、負担が嫌だからと断ることも多いようだが、これは辞退というよりは、逃げるという方があたっているかもしれない。

いま一つは、本当は引き受けてもいい、あるいはやりたいのだけれど、すぐハイと引き受けて、実はやりたかったのじゃないの、とかいわれたり、軽く思われたりしたくない、謙遜して人によく思われたいなど、さまざまな思惑もあって断る、いわば辞退するふりをするというのがある。こんな体験は、誰しも一度くらいはあるのではないか。人間社会を円満に生きてゆくための知恵でもあろう。

さて、江戸幕府十一代将軍は徳川家斉《とくがわいえなり》である。子供を五十五人もつくったことで知られる将軍で、現代日本の少子化時代なら勲章ものの人物ではある。家斉は、文政《ぶんせい》九年（一八二六）、太政大臣《だいじょうだいじん》という官職に天皇から任命された。武官の長である現職の将軍が、文官の長である太政大臣を兼任する、すなわち文武官の頂点についたことになる。江戸時代の太政大臣に古代律令制下のような職務があるわけではないので、あくまでも名目だけとはいえ、形式的にはそのような重職であるから、室町時代の足利将軍以来誰もつかなかった職であった。しかし家斉は、朝廷から任命されて引き受けてしまった。

この件をめぐる朝廷と幕府とのやりとりを、幕府との連絡や交渉を担当する武家伝奏《ぶけてんそう》という役職の公家甘露《かんろ》寺《じ》国長《くになが》がつけていた日記『国長卿記《くにながきょうき》』（国立公文書館所蔵）にもとづいて再現すると、およそつぎのようなものだった。朝廷から幕府の方に、徳川家斉を太政大臣に昇進させたい、という天皇の意思（「御内慮《ごないりょ》」という）が正式に伝えられたのは、文政九年八月二十四日であった。甘露寺が京都所司代《しょしだい》松平康任《まつだいらやすとう》の役宅におもむき、天皇の意思を文書にした「御内慮書」を渡した。京都所司代が、これを江戸の幕府に送ったところ、老中から返事が届き、九月十日に武家伝奏を役宅に招き、幕府の回答を伝えた。それによると、太政大臣に昇進させたいという天皇のお考えを聞いた家斉は、かたじけなく思うが（「叡慮《えいりょ》の趣、かたじけなく思召《おぼしめ》され候へども」）、太政大臣は重職であり、現職将軍が兼任した先例もないので、せっかくではあるが「御辞退あそばさるべく」と辞退したいとの回答であった。家斉は謙退した。重職であり、先例がないから辞退したい、家斉はなかなか殊勝である。

辞退したいという家斉の回答を受けた朝廷は、辞退するというのは「丁寧」なことであるが、太政大臣に昇進させることを天皇が決定しているので、謙退することなく受諾するようにと、九月十五日に再度、武家伝奏が京都所司代の役宅を訪れて申し入れ、文書にしたものを渡した。十月二日に、今度は京都所司代が御所《ごしょ》を訪れ、幕府の回答を伝達した。その回答は、再度の太政大臣就任の要請を受け、天皇と上皇のお考えを無視できない（「叡慮黙止《もだ》しがたく」）のでお受けするというものだった。本当は辞退したいのだけれど、天皇と上皇から二度も就任しなさいといわれて、もはや断るわけにはいかない、という趣旨である。

家斉は、一度は重い任務と前例のないことから辞退した、しかし天皇と上皇から再度すめられては断れないので引き受けた、という形になった。このやりとりからすると、家斉は、謙譲の美徳を備えたなかなかの人物に見える。

ところが、真相はまったくの逆だった。今度は、当時の関白であった鷹司政通《たかつかさまさみち》（一七八九—一八六八年）がつけていた日記『鷹司政通記草』（宮内庁書陵部所蔵）から、真相をみてみよう。

文政九年（一八二六）七月十日、三日前の七日に所司代側から内々で知らせがあったとおり、京都所司代の松平康任が鷹司政通の屋敷を訪問したので、政通は面会した。所司代が関白宅を訪れた目的は、将軍家斉の要望をこっそり伝えることだった。所司代は関白に、将軍家斉の願いを家斉を主語にしてつぎのように伝えている。

昨年、父親であります一橋《ひとつばし》家の徳川治済《はるさだ》を、朝廷から准大臣《じゅんだいじん》（左大臣、右大臣、内大臣につぐ地位）に昇進させていただき、まことにありがたい、父治済は、実子で将軍の家斉も昇進し、江戸幕府開業以来の繁栄を見たいものだと申しています、天皇家や親王家に、つぎつぎとお子様が生まれ、ご繁栄の様子をうれしく思っております、将軍家も繁栄していまして、嫡孫（家斉の子である家慶《いえよし》の子で、のちに十三代将軍家定《いえさだ》）も生まれました、私は、一、二年のうちには将軍職を家慶に譲りたいと考えていますので、その節はよろしくお願いします、孫も二、三年したら元服させたいと考えておりますので、この件もその節はよろしくお願いしたい、そこで内々にお願いしたいことがあります、私は、将軍に在職して四十年、来年は歳も五十五になります、足利家の将軍でも四十年も将軍職に在職した者はおりませんし、これまで将軍としての職務を怠《おこた》りなくやってきましたので、なにか天皇からお誉《ほ》めがほしい、ついては官位を昇進させてほしい、こういうことは、本来なら武家伝奏を通してお願いするところだけれど、これはごくごく内密のことなので、所司代から関白へ直接に相談させました、（現代語訳）

家斉の要望は、将軍在職四十年、怠りなく職を果たしてきたので誉めてほしい、具体的には官位を昇進させてほしい、ということである。簡単にいうと、家斉の官位昇進のおねだりだった。

この家斉のおねだりを聞いた関白鷹司政通は、家斉がすでに従一位《じゅいちい》左大臣という官位だったので、太政大臣か准三后《じゅさんごう》（准后《じゅごう》、准三宮《じゅさんぐう》とも。太皇太后《たいこうたいごう》、皇太后、皇后に準じた待遇を与えられる）にするしかないと思ったが、これ以上の官位の昇進といっても何になりたいのか、と幕府側に問い返した。そこで幕府側は、太政大臣への昇進を希望したのである。なんのことはない、家斉の太政大臣昇進は、天皇が就任を要望したのではまったくなく、家斉の天皇へのおねだりが発端だった。

朝廷は、現職将軍を太政大臣にした先例がないので困惑した。しかし、家斉は、在職四十年のあいだ天下泰平を維持し、とくに朝廷のたくさんのさまざまな儀式や神事を、略式でおこなわれていたものは復古させ、中絶していたものは再興させてくれたし、焼けた御所も、紫宸殿《ししんでん》と清涼殿《せいりょうでん》というもっとも重要な御殿は平安時代の内裏《だいり》と同じ規模という、大変に立派なものに建て替えてくれた功労者であるので、その願いを聞き届けてやろうということになった。朝廷では、家斉の朝廷への貢献が顕著であった、という理由で太政大臣昇進を決定した。

『鷹司政通記草』で再現してみると、このように事実はまったくあべこべだった。ところが、それだけではなかった。八月十三日に、ふたたび京都所司代は関白鷹司政通邸を訪問した。その場で政通は、朝廷が家斉を太政大臣に昇進させる意向を固めたと内々で伝えた。すると所司代は、大変ありがたい、さっそく江戸の幕府に伝えます、と述べたのち、「さ候はば、御辞退これあるべし、再応のうへ御請《おう》け」と語っている。所司代は何をいっているのかというと、家斉を太政大臣に昇進させたいという天皇の「御内慮」が出たら辞退し、二度目の「御内慮」が出てから受諾する、ということなのである。

つまり、天皇からの就任要請を一度目は辞退し、二度目の要請で受諾する、というのである。一度目は謙退し、二度目でやむをえないといって受諾する、一度目の謙退はまさに格好だけの辞退であった。幕府と朝廷は、合意済みの筋書きどおりに事を進めていった。このような回りくどいというか複雑な手順を踏んだ理由は、家斉のおねだりだということが露顕しないようにする目的や、現職将軍が太政大臣を兼任するという過去に例のない昇進への批判をかわす狙いなどが考えられる。

この太政大臣昇進のやりとりを見ていると、徳川家斉という人は、謙譲の美徳を備えた人や奥ゆかしい人などではない、とんだ食わせ者である。将軍が天皇・朝廷におねだりする、この構図は、将軍と天皇、幕府と朝廷との関係が、十九世紀初めには確実に変化してきたことをよく示している。

それと同時に、歴史史料というものは怖いものだとつくづく思う。もしも、武家伝奏の日記『国長卿記』だけしか見ていなかったら、あるいは関白『鷹司政通記草』が失われていたら、真相は闇の中に葬られてしまう可能性が強い。もしかしたらという推測はできても、武家伝奏の日記だけで研究すれば、確実なことはわからず真実とは逆の結論を導き出しかねない。このような事例は、歴史上たくさんあるのではないか。史料が失われたため、表向きのことしかわからない場合が多いからである。表側と裏側では実は正反対だという可能性を推測しながら、史料を解釈してゆかなければならないことを、この家斉の太政大臣昇進のやりとりは教えてくれる。

二十二時間・二十三日間・三年間

　平成十二年（二〇〇〇）四月二日、小渕恵三《おぶちけいぞう》首相が脳梗塞《のうこうそく》の病に倒れて緊急入院し、四月五日には森喜朗《もりよしろう》自民党幹事長が新首相に就任した。一寸先は闇、まことに予期せぬ展開に驚きを覚えた。そのとき話題になり、人々を憂慮させ批判を受けたのが、二十二時間という時間であった。それは、政治家としては青木幹雄官房長官とその他の数人が、小渕氏の入院と病状を把握し、外部には隠していた時間である。国家の最高指導者、指揮官である首相が、病気により判断不能の状態に陥っているにもかかわらず公表せず、しかも病状を知りえた五人ほどの政治家が、密室で後継首相に森氏を決定したからである。そのため、新首相の正統性すら国会で質問される事態も起こった。これが、森氏が短期間で首相を辞職せざるをえなくなった遠因なのかもしれない。

　小渕恵三元首相の場合は、重態に陥ったという事実が隠されたので、それと一緒にするのは不見識の誹《そし》りを受けるかもしれないが、二十二時間の空白、あるいは秘匿《ひとく》のことを聞いてすぐ思い起こしたのが、江戸幕府十一代将軍徳川家斉《とくがわいえなり》と、甲斐（山梨県）の戦国大名武田信玄（一五二一―七三年）の名である。二十三日間とは、家斉の死が隠された日数であり、三年間とは、信玄の秘喪《ひも》の年数である。

武田信玄の三年の秘喪のことは、黒澤明監督作品「影武者」でも知られる有名な話である。信玄は、元亀《げんき》三年（一五七二）に上洛作戦を展開、十月に甲府（甲府市）を出発して織田・徳川連合軍と対決、十二月には徳川家康軍を遠江《とおとうみ》（静岡県）三方原《みかたがはら》で破って、家康の居城浜松城に迫り、家康方の三河（愛知県）野田《のだ》城を包囲していたが、元亀《げんき》四年（一五七三）四月に発病し、甲府へ引き返す途中の四月十二日に、五十三歳で死去した。あとを継いだ信玄の子武田勝頼《かつより》（一五四六―八二年）は、信玄の死を隠し、三年後の天正四年四月に信玄の本葬儀をおこなった。これが秘喪三年という話である。

しかし、いくら四百数十年前という、現代とは比べものにならない情報伝達の遅い時代とはいえ、超がつくほど有名な戦国大名武田信玄の死を、三年ものあいだ隠し通せるほどのんびりした時代ではない。まして食うか食われるかの戦国時代である。元亀四年六月には、信玄終生の好敵手であった越後（新潟県）の上杉謙信（一五三〇―七八年）が、上野《こうずけ》（群馬県）白井《しろい》の長尾《ながお》憲景《のりかげ》に信玄の死を伝えているので、信玄の死は二ヵ月ほどで外部に知られていたようである（これについては、共立女子大学文芸学部教授の堀新氏に教えていただいた）。それでも、二ヵ月前後はさまざまな憶測と懐疑を生みつつも、信玄の死は隠されたのである。「死せる諸葛《しょかつ》（孔明《こうめい》）、生ける仲達《ちゅうたつ》を走らす」の類《たぐい》といえよう。

徳川家斉の死は、表向き二十三日のあいだ隠された。家斉の病状とその死の公表までの動静を、当時の老中水野《みずの》忠邦《ただくに》の日記（『水野忠邦日記』、東京都立大学付属図書館所蔵「水野家文書」）から抜き出してみよう。

天保《てんぽう》十二年（一八四一）閏《うるう》正月八日、大御所《おおごしょ》（徳川家斉）は先日より病気だったところ、昨日（七日）から病状が重くなったと、側衆《そばしゅう》から伝えられた水野忠邦らは、家斉が住む江戸城西丸《にしのまる》（将軍の継嗣《けいし》や大御所が住む御殿）に行き、側衆から家斉の病状を伺っている。二日後の十日に、忠邦らがまた側衆に家斉の容態を伺うと、病状に変化はないと伝えられた。十三日には、将軍徳川家慶《いえよし》（家斉の子）が忠邦に、毎日西丸に詰めて、容態の詳細を報告するようにと命じた。

十三日に幕府は、家斉の全快を、東照宮、日枝《ひえ》神社、寛永寺、増上寺、箱根・伊豆権現、三島大明神、香取・鹿島神宮、駿河《するが》浅間《せんげん》社に祈禱させ、十四日には、御匙《おさじ》（将軍の侍医）楽多院が、家斉に実脾散《じつひさん》（不詳）を調合している。十五日に御三家、二十日に溜詰《たまりづ》め大名以下諸役人、さらに二十八日には、溜詰め大名、国持《くにもち》大名、外様《とざま》大名以下諸役人が、家斉のお見舞いに西丸へ登城している。二十九日には、家斉の容態は「御くつろぎ」（落ち着いたという意味）ということで、将軍家慶と大納言《だいなごん》家定《いえさだ》（家斉の孫にあたる）が家斉に対顔《たいがん》（面会）し、老中以下も家斉に御目見《おめみえ》している。ところが、翌日の晦日《みそか》には危篤となり、午前八時過ぎに亡くなったと、諸大名らに公表された。

水野忠邦の日記だけを読んでいると、家斉は閏正月七日に病状が重くなったものの、二十九日までは生きていて、晦日に亡くなったということになる。しかし、まったく嘘の記述だった。井関隆子《いせきたかこ》という旗本の奥様（子が広敷用人《ひろしきようにん》、孫が将軍家慶の小納戸《こなんど》という奥勤め）が書いた日記（『井関隆子日記』中巻、深沢秋男校注、勉誠社、一九八〇年、二四頁。日記をもとにした文学作品、いわゆる日記文学の一種）には、つぎのように記されている。

（徳川家斉は去年の冬から病んでいたが）たちし七日の夕日のくだち（夕日が傾いたころ）、光り（家斉）かくれさせ給へりとほの聞ゆ、後の御おきてども大方ならぬ御事なめれば、世に秘《ひめ》させたまひて未《いま》だおはしますに変らず、上（将軍）もたび〳〵わたらせ給ひて何くれの御沙汰《おさた》どもあめり、

家斉は、病状が重くなったという七日に、実は亡くなったのだが、事後の措置を決める必要などからその死を秘密にし、将軍家慶も家斉が生きていることにして面会を繰り返し、指図を与えていたという記事である。子や孫が奥勤めをしており、そこから得られた情報と考えられるので、正確だろう。つまり、家斉は七日に亡くなったのだが、そののち晦日まで生きていることにして、将軍はじめ周囲の者はそれらしく振る舞っていたにすぎなかった。このようにして、二十三日のあいだ家斉の死は隠された。

老中首座《しゅざ》（老中の筆頭）の水野忠邦は、七日に死去したことを知らなかったかもしれない。幕府の実権を握っていた「三佞人《さんねいじん》」（水野忠篤《ただあつ》・林忠英《はやしただふさ》・美濃部茂矩《みのべもちのり》）ら家斉の側近たちが、忠邦らに隠した可能性があるからだ。だが、いくらなんでも忠邦を二十三日間も騙すことはできなかったろう。忠邦にしても、家斉側近勢力と同様、家斉の死を隠し、生きているかのように装《よそお》い、日記にはおくびにも家斉の死の影が見えない。しかし、この二十三日間

に、おそらく家斉側近勢力と忠邦らとのあいだに、激しい権力抗争が繰り広げられただろう。

将軍の死が隠された事例に、十代将軍徳川家治《いえはる》がいる。家治は、天明《てんめい》六年（一七八六）九月八日に、五十歳で亡くなったとされる。しかし、旗本の森山孝盛《もりやまたかもり》の日記（『自家年譜』上巻、内閣文庫影印叢刊、国立公文書館内閣文庫、一九九四年）によると、家治は天明六年八月に入って「御不例《ごふれい》」（病気）となり、十五日の諸大名出仕《しゅっし》（江戸城に登城し、将軍にお目にかかる儀礼）の場にも出なかったが、十八日には「順快《じゅんかい》」に向かったと伝えられた。ところが二十五日に御医師衆が総登城し、将軍の後継者である家斉や、御三卿《ごさんきょう》の田安《たやす》家と一橋《ひとつばし》家も駆けつけるなど、江戸城は大騒動になった。

このときは、家治の病状は「御快然《ごかいぜん》」になったと披露された。しかし実は、森山孝盛が「今暁御他界の由」と記しているように、家治は二十五日に亡くなったらしい。森山が、九月八日に「公方《くぼう》様　薨御《こうぎょ》の旨《むね》御広《おひろ》めこれあり」と書くように、九月八日という日は、家治の死が公表された日にすぎない。家治の厚い信任を得て権勢を誇った田沼意次《たぬまおきつぐ》（一七一九―八八年）は、病気を理由に老中辞任を願い出ていたところ、八月二十七日に認められた。家治の死亡日が二十五日、意次の老中辞職日が二十七日、そして家治の死去公表日が九月八日、まことに微妙にして訳ありの日付に思える。

歴代将軍が死亡したとされている日にちは、ほとんどが怪しいのではないか。歴史辞典に載せられている将軍の死亡年月日は、江戸幕府が公表した日にちに従っているようなので、再検討が必要だろう。柳沢吉保《やなぎさわよしやす》、田沼意次をはじめ、江戸幕府の有力者の権勢は、多くは将軍との個人的、人格的な関係のなかで生まれ、かつ保たれるので、将軍の死は、有力者たちにとってその権勢を失わせかねない危機なのである。前将軍のもとで冷飯を食っていた人々は、新将軍のもとでの権勢を虎視眈々《こしたんたん》と狙っているわけだから、そこに厳しい政治的暗闘が繰り広げられただろう。だから、将軍の死とその公表の時間的なズレは、きわめて政治的な操作であり、権力抗争の時間なのである。

　そのような時間のズレは、将軍だけのことではない。天皇も同じだった。一九八九年の天皇の代替わりのように、近代では間髪を入れず皇太子（皇嗣《こうし》）が践祚《せんそ》して天皇の位を受け継ぎ、新天皇となる。だが、江戸時代ではそうはいかなかった。後桃園《ごももぞの》天皇は、安永《あんえい》八年（一七七九）の七月ごろから病気がちとなり、十月二十九日に二十二歳で急逝したが、この天皇には男の子がなく、皇嗣を決めていなかったため、いそぎ皇嗣を立てなければならなくなり、閑院宮典仁《かんいんのみやすけひと》親王の第六王子祐宮《さちのみや》（のちの光格《こうかく》天皇）に白羽の矢が立てられた。朝廷では、後桃園天皇が生きていることにして、幕府の許可を得て十一月八日に、祐宮を養子として践祚させるという「天皇の意思」が伝えられた。そして、翌日の九日午前四時に後桃園天皇が亡くなった、と公表された。これは政治的暗闘ではなく、なるたけ天皇の空位、空白を作らないための操作だった。それでも、祐宮が践祚し、新天皇となったのは十一月二十五日のことであるから、天皇の位は十六日間も空白であった。

白いカラスは吉兆か

朝お茶を呑もうとして茶柱が立っていると、今日は何かいいことが起こるかなと、現在でも吉兆としてなんとなく人の心をうれしくさせる。吉兆、凶兆とりまぜ、さまざまな現象を何かの前兆とする俗信は、いまでも根強く残っている。まして江戸時代には、現代よりはるかに多くの現象を何かの前触れとする民俗の世界が広がっていた。民俗学のみならず、民衆思想研究の豊かな素材ともなっている。ある現象を何かの前兆と考えるのは、なにも民衆に限られない。支配者たちもまた、天命《てんめい》思想の受容に伴って前兆に囚われるとともに、それを政治的に利用してきた歴史が一方にある。

烏《からす》というと、あの早朝ゴミをあさる姿と、日本サッカー協会のシンボルマークを思い浮かべる。それまでは知らなかったが、ワールドカップ・サッカーでけっこうお馴染みになったマークである。あの烏は烏でも、八咫烏と書いて「やたがらす」と読み、太陽のなかにいるとされる三本足の烏である。八咫烏、この三本足の烏というと、戦前、戦中に学校教育を受けた方が思い起こされるのは、初代天皇とされる神武《じんむ》天皇の東征神話に登場する烏であろう。神武天皇が熊野（和歌山県）から大和（奈良県）へ入るときの険しい山道の先導者となり、兵士を励まし、道をひらかせたという。

ここでは、白い烏を取り上げてみたい。日本だけのことではないが、吉兆、祥瑞《しょうずい》（めでたいしるし）とされた白烏《はくう》を調べてみると、十世紀前半に古代律令法の施行細則を集大成した『延喜式《えんぎしき》』治部省《じぶしょう》に、祥瑞が大瑞、上瑞、中瑞、下瑞の四段階に分けて記されているが、三番目の中瑞に「白烏　太陽之精也」とある（東京大学史料編纂所教授田島公氏に教えていただいた）。太陽と関係があるという点では、さきほどの八咫烏と同じである。

ちなみに『広辞苑』（第七版、岩波書店）を引くと、「しろがらす【白烏】羽色の白い烏。すなわち、あり得ないことのたとえ」と説明されているように、ありえないことのたとえに使われている。ところが古代以来、日本の歴史上には白烏がときどき出現する。ここでは、天明《てんめい》六年（一七八六）十二月に現れた白烏を取り上げてみたい（以下は神沢杜口《かんざわとこう》『翁草《おきなぐさ》』（『日本随筆大成』第三期第二十二巻、吉川弘文館、一九七八年、一〇七—一一一頁）による）。

京都郊外山科郷《やましなのもう》（山科区）で、猟師が尋常と異なる烏を捕まえた。この噂を聞きつけた見《み》世物師《せものし》が、ひと儲けたくらんでこの烏を高い値段で買い取ろうとしたところ、妙法院宮《みょうほういんのみや》（天台座主《てんだいざす》真仁法親王《しんにんほっしんのう》）もその噂を聞き、それを引き取った。実際に見てみると、羽の色がところどころ白く、全身は赤紫色だったという。もしやと思った妙法院宮は、参内《さんだい》してこれを当時の天皇で異母弟の光格《こうかく》天皇に献上すると、天皇は白烏ではなかろうかと推測、学者の家である菅原《すがわら》家と清原《きよはら》家の面々、さらには朝廷の先例や故実《こじつ》に詳しい大外記《だいげき》らに、この烏が「瑞鳥」である白烏か否かを、率直に答えるようにと命じた。天皇や公家にとっては瑞鳥としての白烏も、見世物師にとってはいい興行のタネでしかなかったというのは面白い。

白鳥だというが、実際にはどうだったのか。光格天皇の命を受けて鳥を実見した人々は、鳥に疑いないが、半分白く半分は柿色、真っ白ではないが赤くも蒼くもない、鳥の特徴を備えていて羽の多くが白い、翼と尾が白く頭と背は赤紫色、全体に赤色がかっているが羽と尾が白色、翼と尾が白色、羽が白色などと、おのおの観察結果を書いている。いずれも、真っ白の鳥ではないと書いている。部分的に白色の鳥、というのが正確なようである。

天皇から白鳥と思うがどうかと問われ、実際にそれを見た学者たちの困惑した様子がその回答書から窺える。前《さきの》権《ごんの》中納言《ちゅうなごん》高辻《たかつじ》（菅原）胤長《たねなが》は、羽の色が白色だけの白鳥を「瑞物」という、また非《ひ》参議《さんぎ》唐橋《からはし》（菅原）在熈《ありひろ》は、混じりっけのない白色の鳥が白鳥であると書いているように、真っ白な羽の鳥を白鳥と呼んで「瑞物」「瑞鳥」としてきたらしい。学者の「瑞鳥」としての白鳥に関する歴史研究の成果と、みずからの観察結果とを照合すれば、「瑞物」としての白鳥とは言い切れなかったらしい。

しかし、それでは天皇の推定と食い違ってしまい、天皇は間違っていることになる。そこで学者たちは、たとえばさきの高辻胤長は、羽の色は真っ白ではないが、赤鳥とも蒼鳥とも違い、まして普通の鳥とは違う、祥瑞に関する書物の鳥の形状についての記述を全部読んだわけではないのでと留保しながらも、これは白鳥のめでたいしるしである、と書いている。真っ白な鳥を白鳥というのだと書いた唐橋在熈は、胤長同様に、書物をすべて見たわけではないので詳しいことはわからないが、羽や尾の白いのも白鳥というのではないか、などとしている。その上で在熈は、この鳥は全体に赤みがかってはいるが、羽と尾が白いので白鳥といって何も問題はないと主張する。

学者たちは、全身が真っ白な烏こそが白烏であるという知識と、妙法院宮が持ってきた烏は白烏ではないかという光格天皇の推定との食い違いに苦慮し、天皇に「迎合」してであろうか、白烏、あるいはそれと同類といってよいと回答したのだろう。そして、白烏の出現がいかに祥瑞であるかの歴史を述べる。大外記中原師資《なかはらもろすけ》らの回答書では、天慶《てんぎょう》五年（九四二）にあった神祇《じんぎ》官大中臣正直《かんおおなかとみのまさなお》の白烏献上と、古代における国家への反乱事件として名高い藤原純友《ふじわらのすみとも》の乱の平定とを関係づけた先例を挙げる。大外記らは、白烏が出現した理由として、光格天皇が、天明六年（一七八六）十一月に安永《あんえい》七年（一七七八）以来中絶していた新嘗祭《にいなめさい》を再興したことを指摘し、祖先をまつる神事を再興したことが祥瑞としての白烏の出現になったのではないかという。昌泰《しょうたい》元年（八九八）に、白亀が河内国（大阪府）に出現するという祥瑞があったが、これは朔旦冬至《さくたんとうじ》の旬《しゅん》（十一月一日が冬至にあたる日を吉日として祝う儀式）の後に起こったことなので、それを例証にすると、光格天皇が、天明六年十一月一日に三百五十年ほどのあいだ廃絶していた朔旦冬至の旬を再興したことが、白烏の出現につながったのだともいっている。

白烏とはいうものの、本当のところは全身真っ白ではなく、部分的に羽の白い烏だったようだ。それにもかかわらず、あえて祥瑞としての白烏としたのは、天明六年に長らく中絶していた朝廷の儀式である朔旦冬至の旬を再興し、新嘗祭も再興したという、十八世紀末に新たな動きを見せた光格天皇と朝廷の前途にみずから吉兆を感じ、人々にもそれを予感させようとした演出ではなかろうか。

ところでこの白鳥のその後だが、翌年の正月十三日に、京都町奉行所の与力《よりき》や猟師、鳥屋などに厳重に護られながら、捕獲された地である山科郷竹鼻《たけはな》村の山中に放たれた。その二日前の十一日、京都には町触《まちぶれ》が出され、瑞鳥であるから捕らえることと白鳥に似た鳥を見世物に出すことを禁止した（『京都町触集成』第六巻、京都町触研究会編、岩波書店、一九八五年、四二五頁。なお同書は「白鳥」としているが、白鳥のことである）。

白鳥は、朝廷では古代以来の由緒正しい瑞鳥とされたが、武家では、たとえば豊後（大分県）岡《おか》藩中川《なかがわ》家（七万石）では、白鳥を見つけたら打ち殺すという。それは「しろからす」が「城枯らす」に通じ、家の滅亡の前兆として嫌うからだという（松浦《まつら》静山《せいざん》『甲子夜話《かっしやわ》』第一巻、中村幸彦・中野三敏校訂、東洋文庫、平凡社、一九七七年、六三頁）。白鳥出現から一年ちょっと経った天明八年（一七八八）正月に、京都は応仁《おうにん》の乱（一四六七—七七年）以来という大火に見舞われ、内裏《だいり》も公家の屋敷も多くが焼けてしまうという大凶事に襲われた。白鳥の出現は吉兆、祥瑞どころではなく、「城枯らす」に近い凶兆だったといえる。だが、天皇と朝廷は、禍《わざわい》転じて福となすではないが、この機会に御所《ごしょ》をそれまでよりはるかに立派なものにしようと、幕府と交渉した。その甲斐あって再建された御所は、儀式をおこなうもっとも重要な御殿である紫宸殿《ししんでん》と清涼殿《せいりょうでん》などが、平安時代のそれと同じ規模と様式で造営され、きわめて荘厳なものとなった。あの鳥は白鳥で、やはり祥瑞だった、と光格天皇は思ったに相違ない。

私の個人的な体験だが、江戸時代の史料を読んでいて、正しくは「白烏」と書いてあるものを、ざっと見たときは「白鳥」と読んでしまったことがある。原文書《げんもんじょ》でも、「烏」を「鳥」と書いていたりするので、なおさら手に負えない。しかも、「白烏」など、江戸時代の史料にめったに出てくるものではないから余計である。

殿と様はどちらが偉いか

手紙やハガキを書くとき、相手の氏名の下に敬称をつけるが、「様」と書くのが普通である。私信で「殿」と書くことは、冗談か何か特別な意味を込めた場合以外にはまずないだろう。ある団体の名前で国会議員や知事へ要望書を出したことがあるが、そのときは敬称に「殿」と書いた体験がある。相手が公人で、しかも公的な連絡や要望などを伝えるときには、一般に「様」とは書かずに「殿」と書く。

送られてくる私宛ての郵便物の敬称を見ていると、勤務先の大学からの郵便物は「殿」であり、市役所などからも「殿」となっている。国や自治体の機関は、「殿」を使っているようである。NTTや出版社を含む民間企業からのものは「様」である。編集者などからの郵便には「先生」などと書いてあって、少しこそばゆい思いをする。

「殿」と「様」とでは、どちらが相手を敬っているのか、書く方も受け取る側も意識することはほとんどないのではないか。「殿」というと、少し偉そうな雰囲気がしないでもないが、何か改まった感じがするし古くささも感じ、「様」の方が改まった感じはない、という程度の感覚的な違いしかない。ただ、手紙などで「殿」と書いてあったら違和感があり、相手の常識を疑うことになる。やはり、現代でも、「殿」と「様」は使い分けられていることがわかる。

江戸時代ではどうか。喜田川守貞《きたがわもりさだ》の『守貞謾稿《まんこう》』（『近世風俗志』一、宇佐美英機校訂、岩波文庫、一九九六年、一四九―一五〇頁）には、およそつぎのように書かれている。

たとえば皇居のような、御殿と呼ぶにふさわしい屋敷に住んでいる人を殿と呼ぶべきなのに、いまでは逆に下賤《げせん》の者の方におもに使っている。天皇や将軍のような貴人を上《うえ》様《さま》と呼ぶように様を使っているが、様という字には、なんとかのようなとか、なにかに似ているという意味があり、上様というと上のような人、上に似ている人という意味になるから、正しい使い方とはいえない。しかしいまは、様は殿よりも相手を尊んで使うようになった。文字に書くときは、相手の身分格式に応じて真《しん》・行《ぎょう》・草《そう》の字体で八、九種類に書き分けている。また民間では、口でいうときは様はさん、殿はどんである。士民ともに書簡などでは様を用い、証文《しょうもん》類には殿を使う。（現代語訳）

喜田川守貞によれば、もとは「殿」の方が「様」より貴人に対して使われていたが、江戸時代後期では「様」は「殿」より相手を敬って使うようになり、口頭では「さん」と読み、一般に手紙の宛名には「様」を使い、証文類には「殿」を使っているという。

幕末に公家の一条《いちじょう》家に仕えた下橋敬長《しもはしゆきおさ》（一八四五―一九二四年）という人が、幕末の朝廷や公家社会について語った『幕末の宮廷』（東洋文庫、平凡社、一九七九年、四八―四九頁）からもう一つ紹介してみよう。

一条家の主人が御所《ごしょ》へ参内《さんだい》したときや宮家へ出かけたとき、家来は相手側に「一条大納言殿御成《おな》り」のように「殿」といい、戻るときは相手側が「一条大納言様御退出」「一条大納言様還御《かんぎょ》」と「様」という。こちらは謙《へりくだ》って「殿」といい、相手側は尊敬して「様」という。そのころは様の方がよくて殿の方が悪いのだが、公文書は殿で、様とは書かない。（現代語訳）

下橋敬長も、「殿」より「様」の方が相手を尊んでいると語る。なお、「殿」は公文書に使うともいう。こんなことをいうと、だから殿様が一番偉いと茶化されそうだが。

下橋はさらに、徳川将軍家の権勢の強さが、手紙の書き方にも表れている例として、将軍から宮家の一つであった有栖川宮《ありすがわのみや》家に宛てた手紙では「公方《くぼう》様より有栖川殿へ」、有栖川宮家から将軍への手紙では「大樹《たいじゅ》様へ有栖川殿より」と書いていたと述べている。公方、大樹はともに将軍をさす語であるが、それには「様」を用い、宮家には「殿」を使っていて、それは地位の上下の関係を示しているというのである。このような書き方は、摂政や関白に就任する家柄の公家で、五摂家《ごせっけ》と呼ばれた近衛《このえ》、九条《くじょう》、一条、二条《にじょう》、鷹司《たかつかさ》家に対しても同じだったという。

豊臣秀吉の時代には独立した大名として扱われていたが、その後は長州藩毛利家の家老格と位置づけられ、周防《すおう》（山口県）岩国《いわくに》で三万石を領した吉川《きっかわ》家は、毛利家の家来としてではなく、自立した大名として扱うよう幕府に求め続けてきた。そのため、幕府から出される文書の書式にはことのほか神経を尖らせていたが、老中から渡される文書を受け取りに老中の屋敷に来るように、と命じる老中の家来からの手紙の宛名の敬称は、元禄《げんろく》期（一六八八―一七〇四年）の「吉川勝之助様」から、宝暦《ほうれき》期（一七五一―六四年）には「吉川勝之助殿」と変わってしまった。この「様」から「殿」への変化を、本家である毛利家が、吉川家は毛利家の家来であると幕府に申し上げたからだと解釈している（岩国徴古館寄託吉川家文書）。たった一字の違いなのだが、自立した大名家なのか毛利家の家来なのかという、吉川家にとって天と地ほどの違いを意味したのである。

いまでも、公的な契約書類などは「殿」を使っているようである。江戸時代、売買証文や借用証文、請取《うけとり》証文（手形）などは、武家でも町人・百姓でも、身分に関係なく相手側の敬称は「殿」を使う。しかし、書状様式といわれる手紙形式の文書では「様」を用いる。さきほどの下橋敬長も語っていたように、公的あるいは契約文書では「殿」、私的あるいは私人間のやりとりをする文書では「様」を用いている。どちらが上、どちらが相手を敬った書き方かだけではなく、文書の性格によっても敬称の書き方が違っていたのである。

将軍の意思を上意《じょうい》といい、それを大名に伝達するのに、将軍みずからが差し出す直書《じきしょ》というのもあるが、幕府の職制が整ってくると、ほとんど老中の名前で伝達するようになった。将軍の上意を老中がうけたまわって大名に出す文書を、老中奉書《ほうしょ》と呼んでいる。この文書は、将軍の上意を伝えるのであるから、もっとも重要な文書だが、書状の様式で書かれている。この場合、相手の大名には「松平陸奥守《むつのかみ》殿」のように、敬称は「殿」を用いる。同じように、将軍や幕府の意向を老中が大名に伝える書状がある。老中奉書とよく似た内容なのだが、相手の大名には「松平陸奥守様」のように、「様」になっている。だから、よく似た機能を持っている書状が、老中奉書であるのか、老中の書状なのかは、相手の敬称に「殿」を使っているか「様」を使っているかで判断できるのである。このように、江戸時代には、「殿」か「様」かは、どちらが偉いかという点だけではなく、その文書の性格により使い分けられていたのである。

江戸時代では、「様」と「殿」では、おおむね「様」の方が「殿」より相手を敬っていることを意味したのであるから、「様」と「殿」を書き違えたら大変な問題になる、重要な一字だった。

さらに、活字にしてしまうと「様」「殿」としか表現のしようがないが、筆で書くとなると、喜田川守貞が書いていたように八、九種類に書き分ける。それは、差出人と宛名の人との上下関係や身分格式の序列に応じて、書き方あるいは文字の崩し方が違っていたからである。江戸時代前期に幕府右筆《ゆうひつ》（文書を書くことを職掌とした役名）を務めた久保吉右衛門《くぼきちえもん》が、寛文《かんぶん》四年（一六六四）に著した『当用書礼《とうようしょれい》』（東京大学総合図書館所蔵）には、左のような書分けが記されている。

「様」の場合

「殿」の場合

文字の崩しがしだいに大きくなっていることがわかる。楷書《かいしょ》に近いほど、相手の身分格式が高いのである。かなり年配の方たちは、「永さま」「美さま」などと、「様」の崩し方を表現していた。「殿」の最後などは、「とのへ」と読める平仮名のように崩して書かれている。これは差出人と受取人との上下関係の違いの大きさによっているので、この崩し方を少しでも間違えたら大変なことになるし、逆に、崩し方だけで差出人と受取人の身分格式の上下関係がわかるのである。

身分制社会では、身分や相手との格式・序列の差異に応じた約束事に従って生活しなければならなかった。文書の書き方もまた、それに従わなければならなかった。「殿」と「様」

の書き方など、手書きのときは気にしたものだが、ワープロやEメールなら何にも気にしなくてすむ。楽な時代になったものである。

大御所の犯罪

大御所の犯罪

昭和五十一年（一九七六）、米国ロッキード社の航空機売込みにからむ受託収賄罪で、田中角栄前首相が逮捕された。これは、総理大臣の犯罪として、国民に大きな衝撃を与えた。その経歴から今太閤《いまたいこう》などとも呼ばれ、また巧みな演説により一時は国民的な人気を博した。それが、外国の航空機会社からワイロを受け取って、便宜をはかったことが発覚し、実刑判決を受けた。一転して悪役となったため、イメージが悪いということから、角栄団地という名の新興住宅地は、その団地名を変更する騒ぎすらあった。まさに転落である。一国の最高権力者である総理大臣がワイロを受け取っていたことは、衝撃的である。そもそも、危ない話はいくらもあるのかもしれないが、動かぬ証拠があり、それが暴かれて逮捕、起訴され、しかも有罪判決を受けるとは。

ところが、江戸時代にもそれに似たことがあった。江戸幕府第十一代将軍徳川家斉《とくがわいえなり》である。家斉は、安永《あんえい》二年（一七七三）に、御三卿《ごさんきょう》のひとつ一橋《ひとつばし》家の徳川治済《はるさだ》の子として生まれ、後継ぎのなかった十代将軍徳川家治《いえはる》の養子となり、その死後の天明《てんめい》七年（一七八七）に将軍職についた。初めは、松平定信《まつだいらさだのぶ》が将軍補佐となって寛政《かんせい》の改革をおこない、その後も定信の後継者たちが幕政を担当していたが、文政《ぶんせい》元年（一八一八）からは、国内外にさまざまな問題が生まれていたにもかかわらず、側近を使ったかなり放漫な政治をおこなった。側室がのべで四十人、生まれた子供が五十五人で「北海のタラのごとし」と揶揄《やゆ》されながら、豪奢《ごうしゃ》な生活を送った。天保《てんぽう》八年（一八三七）に将軍職を子の家慶《いえよし》に譲ったものの、天保十二年に死去するまでなお幕府の実権を握り続けた。将軍職を辞した後は大御所《おおごしょ》と呼ばれたので、そのころの政治を大御所政治、あるいは江戸城西丸《にしのまる》に住んでいたため西丸政治と呼ばれている。

文政元年以降はとくに、田沼時代の再現を思わせるようなワイロが横行し、幕府政治の腐敗した時代であった。なかでも、家斉の側近で田沼意次《おきつぐ》の再来のような老中水野忠成《みずのただあきら》（駿河《するが》沼津藩主）をはじめ、「三佞人《さんねいじん》」といわれた若年寄《わかどしより》林忠英《はやしただふさ》、御側《おそば》御用取次《ごようとりつぎ》水野忠篤《ただあつ》、小納戸《こなんど》頭取《とうどり》美濃部《みのべ》茂矩《もちのり》、さらには、家斉の愛妾お美代《みよ》の方《かた》の養父である中野碩翁《なかのせきおう》らが、家斉の側近として権勢を誇った代表的な人物である。

ところが、側近だけではなく、徳川家斉みずからがワイロを受け取っていたふしがある。これは天保九年のことである。前年に将軍職を譲り、大御所と呼ばれていたが、隠居したわけではなく、側近を使って幕府の実権を握り続けていた時期である。当時、大名たちは、たとえば従五位下《じゅごいのげ》、出羽守《でわのかみ》などのような官位を朝廷から授与されていたが、官位の高さはその家の格式によりおおよそ決まっていた。しかし、将軍家斉の子が養子や嫁に行った先の大名や家斉の子自身が、その家の従来の家格を越えた高い官位になっていた。その結果、大名間の家格の釣合が崩れたため追い越された大名には不満がつのり、官位を高めようとして幕府に働きかけていた。官位は、形式的には天皇・朝廷が授与するものであるが、従五位下に叙位するとか、四位に上げるとかを決定するのは将軍・幕府だったので、実質的に官位を授与する権限は将軍・幕府にあった。

だから大名は、幕府に官位の上昇を訴え働きかけた。その運動に多額の金品が動いたことは当然である。出羽秋田藩主である佐竹《さたけ》義厚《よしひろ》は、一刻も早く少将という官職に昇進しようとして、積極的に運動し、天保九年にめでたく昇進が決まった。秋田藩では、この藩主の少将昇進にかかわって、総額でなんと四千八百四十一両ほどの金を使い、その支出の内訳を整理した帳簿（「義厚公　少将御昇進につき惣御《そうお》入方《いりかた》取り纏《まと》め目録」、秋田県立文書館所蔵）を作成し、それが現在まで残っている。

その史料の最初に、官位昇進のための事前運動（「御昇進御内願」という）に使った金額と贈り先および品物が書かれている。その冒頭に、

二百四十七両三歩《（分）》　内献上《ないけんじょう》鉢松之代《だい》
二百六十両　右同断置物《おきもの》代

と記されている。誰に贈ったとは書いていないが、総額で五百両を越える金が、献上された鉢植えの松とその鉢を載せる装飾の置物の代金として計上されている。盆栽の代金が半端な数字なので、これは鉢植えの松の盆栽そのものを贈ったのではないか。松の盆栽と置物だけ

で、なんと五百両。現代でも、立派な盆栽は大変に高価だと聞くが、これはなかなかのものだろう。さきほど家斉の側近として名前が出ていた中野碩翁にも、事前運動に五十両が贈られている。

少将昇進が決まると、「御内願済み」として、今度はお礼がおこなわれた。合計で、二千四十両あまりが書き上げられている。やはりその冒頭に、

五百両　　　　大御所様へ御内献上御庭石之代
三百二両二歩　中野碩翁様へ御三所物《みところもの》料三百両・御肴《さかな》料千疋《びき》之代
五十両　　　　御同人様御用人《ごようにん》中川増蔵へ

と書かれている。ここにははっきりと、大御所すなわち徳川家斉に内献上した庭石の代金として五百両が計上されている。ここから、事前運動で鉢植えの松と置物を内々で献上した相手は、大御所の徳川家斉だったことがわかる。庭石そのものだったかどうかわからないが、現物だとすると五百両もする庭石というのはどんな石なのか、私には見当もつかない。事前運動といわば成功報酬とで合わせて千両分が、大御所家斉に贈られていたことになる。大阪歴史博物館副館長を務めた相蘇《あいそ》一弘《かずひろ》さんの「天保期の一両は現在の二十万円に相当する」という説からすると、二億円に相当する。

例の中野碩翁へは、刀の付属品で目貫《めぬき》と笄《こうがい》と小柄《こづか》の三種の重要な金具である三所物の代

金として三百両、さらに碩翁の家来である用人にまで五十両も贈った。碩翁へは、事前と事後で合わせて四百両以上を使っている。この他の贈り先では、例の三佞人のうち、美濃部茂矩と水野忠篤に、やはり三所物料として二百両ずつ贈られ、官位についての先例調査などにあたる奥右筆《おくゆうひつ》たち四人に、反物料《たんもの》として百両から五十両、そして老中首座《しゅざ》（老中の筆頭）の水野忠邦《みずのただくに》にも、三所物料二百両がしっかり贈られている。これらは、三所物料とか反物料となっているが、おそらくは名目だけで、現金が贈られたのであろう。

この事例では、大御所家斉が、具体的に佐竹義厚の少将昇進にどのような役割を果たしたのか、よくわからない。そこで、少し時期がさかのぼるが、下総古河《しもうさこが》藩（茨城県古河市）の藩士で、渡辺崋山《わたなべかざん》（一七九三―一八四一年）が描いた国宝「鷹見泉石像《たかみせんせき》」で有名な鷹見泉石（一七八五―一八五八年）が、主君の土井利位《どいとしつら》（一七八九―一八四八年）を寺社奉行に就任させるために大いに奔走したことを、みずからの日記に書きつけているので紹介しよう。その文政八年（一八二五）二月十九日のところに、つぎのように書いている（『鷹見泉石日記』第一巻、古河歴史博物館編、吉川弘文館、二〇〇一年、三二九頁）。

古河藩士の記兵衛《きへえ》が、今朝中野碩翁様の屋敷へ出向いたとのことである、用件は、藩主土井利位の寺社奉行就任についてのお願いの件だそうだ、碩翁の家来から伝えられた情報によると、このあいだ中野碩翁が将軍徳川家斉とお話をする機会があり、ついでがよいと思い、土井利位のことを噂したところ、至極左様《しごくさよう》であるという将軍の上意があった、ということを碩翁から碩翁の家来に昨日伝えられたので、碩翁の家来から、碩翁へお礼をした方がよいといわれ、お礼に行ったのだ、（現代語訳）

古河藩では、藩主利位の寺社奉行への就任を中野碩翁に働きかけた。中野は古河藩の請託《せいたく》を受けてそのことを将軍家斉に伝え、将軍は「至極左様」といって同意したという趣旨の記事である。中野はただで動いたわけではなく、当然のことながら金品を贈られ、あるいは催促して受け取っている。中野碩翁には、現代ならば受託収賄罪のようなものが適用される行為だろう。土井利位は、三ヵ月後の五月二十四日にめでたく寺社奉行に任命された。これは一つの事例にすぎないけれど、寺社奉行という幕府の重職が、このような請託によって決められているのがよくわかる。

これから佐竹義厚の少将昇進を推測すると、秋田藩が中野碩翁などに働きかけ、碩翁が大御所家斉に伝え、その同意をとりつけたと考えてそれほど誤りはないだろう。古河藩主土井利位のときにも、将軍家斉に金品が贈られたかどうかはわからないが、佐竹義厚の場合は、間違いなく大御所家斉に合わせて千両分が贈られている。大御所とはいえ、幕府の実権を握っている家斉なのだから、官位について実質的な権限を持っている。だから、千両の金で、いわば職務権限を利用して佐竹義厚の官位を上げてやったことになる。これは、受託収賄罪に該当するだろう。まさに大御所の犯罪ではないか。

家斉が将軍で、父親の治済が生きているころ、大名たちは父親の治済に金品を贈って、その願望を遂げようとした。将軍が子の家慶になると、父親で大御所の家斉に金品を贈って、その望みをかなえようとしたのである。大御所の犯罪、幕府の腐敗の極みを見ることができる。

無尽

もうずいぶんと前のことになるが、さる消費者金融が「むじんくん」というのを宣伝し始めた。そのとき、電車内の広告を見て、無尽《むじん》となにか関係のある新しい金融を考え出したのだろうかなどと勝手に想像し、どういうものか興味を持ったことがある。しかしこの想像は、「お自動さん」が別の消費者金融から出されてまったく関係ないことがわかり、つまらない想像をしたものだとがっかりした記憶がある。私は、「むじん（無人）くん」も無尽も直接に体験したことはない。郵便局に勤めていた私の父親が職場の人々とやっていたことは、子供のころに聞いたことがあるので、無尽の存在は知っていた。父親たちのは、入札方式だったようで、少し金額を下げて落札させ、なにがしの金、といっても昔の話なので大した額ではなかったようだが、それでもまとまった金を手にしたようだった。

最近では無尽という言葉すら聞かないので、実際に無尽をやった体験があるのは、もうかなり年齢の高い世代だけであろう。そして、無尽とはどのようなものか、近いうちに具体的にはわからなくなってしまう運命にあると思う。ただ、ある先生にいわせると、某県の奥の方ではいまでもやっているそうだから、一部では意外としぶとく生き続け、文化財に指定されるかもしれない。だが、それは女性が集まって宴会をやるのが趣旨だそうだから、無尽が持っていた役割の名残りを留《とど》めているだけなのかもしれない。

ところが平成十一年（一九九九）一月の新聞に、タイ式現代版「無尽講《こう》」のことが紹介されていた。タイの首都バンコクでは、経済危機を背景に、スラム街の住民を中心にして低所得者らの貯蓄組合が急増し、具体的には、全員で少額のお金を出し合い、いざというときそこから引き出して生活費などにあてるものだという。組合、すなわち「講」を作って相互扶助的な金融をおこなうという点で、たしかに「無尽講」の一種に違いない。日本でも、深刻なデフレが続き、銀行経営も行き詰まってゆくと、経済状況によっては新版「無尽講」が現れないという保証はない。

無尽講は頼母子講《たのもしこう》ともいい、鎌倉時代からある金融の一方法で、『新版　角川日本史辞典』（角川書店）の「たのもし」の項では、つぎのように説明されている。

本来的には相互扶助的なものだったが、領主や寺社による費用調達、富裕者による蓄財などに利用されることもあった。近世に広く普及し、その基本的な方法は複数の人々で講をつくり、金などを出しあい、それを籤引《くじび》きで講中《こうじゅう》の誰かが受けとり、そのようにして講中全員がそれを受けとるまでくりかえす。これによって困窮者が一時にまとまった金を得ることができ、家屋の新築、牛馬の購入、屋根葺《ふ》き、さらには寺社参詣《さんけい》などができた。

無尽講が組まれる目的は庶民の相互扶助にあり、講を作って講のメンバーが一定金額を出し合い、くじ引きなどで順次全員にお金が戻されるという仕組みである。農村と都市とを問わず、広くおこなわれていた。江戸幕府は、一部を除いて相互扶助的な無尽講を公認していた。幕府が違法として禁止していたのは、取退《とりのき》無尽と武家の無尽であった。取退無尽とは、当たりくじを引いてお金を受け取った者は講を退会し、以降は掛け金を納めなくてよいという仕組み（まさに取り退き、悪い表現だと取り逃げ）で、早くくじを引き当てれば大儲《おおもう》けできるが、他方でお金をまったく受け取れない者と少額しか受け取れない者が出てくる。博奕《ばくち》に似た性格の無尽だったので、博奕を禁止していた幕府の法に引っかかったのだろう。幕府の刑法典である『御定書百箇条《おさだめがきひゃっかじょう》』では、取退無尽を仕組んだ頭取《とうどり》は遠島《えんとう》、加わった者は家財没収の罰を科された。

寛政《かんせい》七年（一七九五）、田沼意次《たぬまおきつぐ》の孫にあたる意明《おきあき》（陸奥信夫《しのぶ》郡（福島県）などで一万石）の家来内藤角馬《ないとうかくま》が、頼母子講と名づけた無尽を組んだ罪を幕府から問われて処罰されたが、その判決のなかで、武家の家来は、たとえ普通の頼母子無尽でもやってはいけないと申し渡されている（『御仕置例類集』第一輯、古類集、博奕之類、司法省調査部、一九四一年）。このことは、武家の無尽が禁止されていたことを示す。天明《てんめい》八年（一七八八）三月には、一万石の大名で代々にわたって伏見奉行を務めていた小堀政方《こぼりまさみち》（一七四二―一八〇三年、茶人で造園家として有名な小堀遠州《えんしゅう》の子孫）が改易《かいえき》されるという事件が起こった。その罪状の一つとして、小堀家の借金返済のため、家来が伏見（京都市）の町人と組んで無尽講を企てたことが挙げられている（『新訂寛政重修諸家譜』第十六、続群書類従完成会、一九六五年、一一一頁）。無尽講だけが理由ではないものの、武家の無尽講が大名を改易する理由の一つになる。

取退無尽は、単純な仕組みなので摘発も簡単だったが、幕府の禁令の網をくぐり抜けるため、かなり巧妙に仕組まれたうさんくさい無尽も多かった。武家や公家たちによる違法な無尽が、文政《ぶんせい》年間（一八一八―三〇）とくに上方《かみがた》で過熱したようである。目に余ったのか、大坂町奉行所は内密に実態調査をおこなった。大坂町奉行の内命を受けてひそかに調査したのが、敏腕与力《よりき》の大塩平八郎《おおしおへいはちろう》（一七九三―一八三七年）であった。無尽をおこなっていた武家・公家・寺社百四十一名を書き上げるとともに、無尽講の規約を入手して複雑な不正無尽の手口、カラクリのいくつかを解明している。

その一例を紹介してみよう。相模《さがみ》（神奈川県）荻野山中《おぎのやまなか》藩大久保《おおくぼ》家（一万三千石。相模小田原藩大久保家の分家にあたる）は、藩士が講元《こうもと》（主催者）となり、六人の大坂町人が世話人となって無尽講を組んだ。講の参加者を二百七十人募《つの》り、これを九十人ずつ三組に分け、掛け金は一人毎月金一分、三十六回（三年）で満講《まんこう》となる。掛け金の総額は二千四百三十両になり、年に三回、三年で九回無尽講の集会を開き、そこで当たりくじを作って割り戻してゆく。当たりの数が限られ、しかも当たりの金額に大きな差を設けていたので、当たれば儲かるがはずれる可能性の方が高く、講参加者にとっては、富《とみ》くじ同様に射倖性《しゃこうせい》の強い博奕同然のものだった。その点だけでも、この無尽講は違法だった。

ところがこの無尽講は、割り戻し金と講集会ごとの飲食代などを差し引いても、なお七百十六両も残る仕組みだという。それが「徳益《とくえき》」として、講元の大久保家の収入になるというのだ。この大名は、一銭も出さずに、講元になるだけで七百両もの大金が手に入った。例の一両二十万円とすると、一億四千万円となる。

この手の無尽を盛んにおこない、このような不当な方法で金を手に入れたのは、上方勤務の幕府役人で、大坂城代《じょうだい》を務めたのち老中に昇進した幕府の重職たちの多くも不正な無尽に手を染めていた。大坂勤務は、大坂の金の魔力にとりつかれるような誘惑が多かったらしい。大塩平八郎が蜂起した天保《てんぽう》八年（一八三七）当時、老中であった大久保忠真《ただざね》は、さきほどの大久保家の本家の当主であるが、京都所司代《しょしだい》時代に不正無尽をやり、無尽を組み立ててくれた町人に金製の刀大小を贈ったといい、同じく老中の松平乗寛《まつだいらのりひろ》（三河（愛知県）西尾《にしお》藩主）と松平宗発《むねあきら》（丹後（京都府）宮津《みやづ》藩主）も、大坂城代であったころ、有名な不正無尽のプロで獄門《ごくもん》になった八尾屋新蔵《やおやしんぞう》と、不正を追及されて自殺した大坂町奉行所与力の弓削《ゆげ》新《しん》右《え》衛門《もん》に依頼して無尽講を組み立ててもらい、彼らに褒美の品などを与えた。さらに、老中水野忠邦《みずのただくに》も大坂城代時代、大坂町奉行所与力に頼んで無尽を組み立ててもらおうとしたと、大塩は厳しく弾劾《だんがい》している（『大塩平八郎建議書』仲田正之編校訂、文献出版、一九九〇年）。

商人や職人が、営業上の便宜をはかってもらうため、幕府役人へ無尽講の講元をワイロとして贈ることすらおこなわれている。幕府は、この大塩の調査結果にもとづいて、不正無尽の鎮静化をはかった。文政十三年（一八三〇）四月、大坂城代など上方勤務を経験し、当時老中になっている者に不正無尽が多かったことから、老中に対して当人とその親類の不正な無尽をやめるよう指導している。当時西丸《にしのまる》老中になっていた水野忠邦は、改易された小堀政方の例があるからと、直ちに上方や江戸でやっていた不正無尽を中止し、無尽講の規約書などを回収して焼却（「焼きすて」）するよう家来に指示を与えた。まさに証拠書類の隠滅《いんめつ》をはかった（『浜松告稟録《はままつこくひんろく》』、東京都立大学付属図書館所蔵「水野家文書」）。

ただ幕府としては、何もしないというわけにはいかなかったと見えて、大坂破損《はそん》奉行（大坂城の修理を担当する奉行。旗本）ら数名を逮捕し、遠島、改易などの処分をおこなった。これは、摂津や河内（大阪府）の左官職人に大坂城の修理御用を請け負わせるよう破損奉行に願わせ、それが実現したさいに、無尽講を組むことを約束させたという事件である。現代風にいえば、破損奉行は、その地位を利用して左官業者に公共事業の便宜をはかってやり、その見返りとして不正無尽の講元を贈られたということになる。大塩は、幕府のこんな処置では誰も納得しないと憤ったが、結局は、このような下級の役人を処罰するだけで不正無尽問題は幕引きとなり、老中などの幕府重職たちはまんまと逃げ延びたのである。巨悪は無傷で生き延びたというところか。

無尽といっても、庶民の相互扶助的なものから、大名たちによる資金調達のための手の込んだ違法なものまで、さまざまあったようである。

談合体質の根深さ

国や地方自治体の発注する公共事業や物品納入などに関して、大手ゼネコンその他の業者団体による談合が発覚したり、摘発されたりしてしばしばマスコミを賑わしている。談合がおこなわれる対象はかなり広範囲にわたり、それに関係する者は、業者のみならず役所の担当者、さらには国・地方の議員にも及び、構造的な談合体質とまで指摘されるほど根深く深刻なものがある。時代劇では、独占的な問屋仲間《といやなかま》の業者団体が、商品の買い占めや値段のつり上げをおこない、それを潔しとしない良心的な問屋などが妨害を受けたり、権力とつるんだ圧迫を加えられたり、果ては廃業に追い込まれるというようなシーンにお目にかかることがある。これは独占とそれにもとづく不法行為であり、談合の一般的な意味にかかわるものである。

ところで談合とは、『広辞苑』（第七版、岩波書店）によると、話し合うこと、談じ合うことという一般的な意味とともに、多数の請負人《うけおいにん》があらかじめ談合して入札価格や利益配分を定めておいて請負入札するという意味の「談合請負」、請負入札にさいし入札者が事前に相互間で入札価格などを協定することという意味の「談合行為」、請負入札にさいし数人が申し合わせ一人に落札させて利益を分配することという意味の「談合取」、というほぼ同じ意味内容の語句が三つ載せられている。つまり「談合」とは、請負入札などにさいして応札業者が事前に相談し、入札価格と業者間の利益配分を決めて落札する行為をさしているようである。

このような意味での「談合」（特定の意味を持つ談合については、以後「　」をつけて用いる）がいつから始まったのか知らないが、すでに江戸時代の後半にはおこなわれている。著者は「武陽隠士《ぶよういんし》」とあるのみでよくわからないが、文化《ぶんか》十三年（一八一六）の序を持ち、十九世紀初頭の政治や社会に痛烈な批判を加え、天皇にその改革の期待を寄せた『世事見聞録《せじけんぶんろく》』（本庄栄治郎校訂、奈良本辰也補訂、岩波文庫、一九九四年、六〇頁）には、社会の悪弊の一つとして「談合」行為が登場している。一の巻の「武士の事」のなかに、およそつぎのように記されている。

作事《さくじ》や普請《ふしん》その他の請負工事の業者の選定は、業者に入札させその入札値段の高下を調べたうえで決定する仕組みであり、入札値段の調査や業者の決定は表面上は（「表向きの吟味」）かなり厳密におこなわれているように見えるが、内実（「内証《ないしょう》」）は商人仲間や職人仲間が馴れ合って、「力づく」といって事前に落札する業者を決めておき、さらに落札業者は利益をいくら仲間へ配分するかも事前に約束している。また、請負工事の発注を担当する役人も利益の配分を受け取る手はずになっているので、この入札のカラクリを知っているのに知らないふりをしている。（現代語訳）

「談合」という語はないが、「力づく」はまさに「談合」そのものではないか。江戸時代の幕府や大名がおこなう工事などは多く入札方式がとられ、工事の件名と概要が町触《まちぶれ》などで公示され、指定された日時に応募業者による入札があり、業者の選定がなされている。具体例を一つ紹介してみよう。天保《てんぽう》十四年（一八四三）に、幕府は天保の改革の政策として、下総《しもうさ》（千葉県）印旛沼《いんばぬま》の掘割《ほりわり》工事をおこなった。その前年に勘定所の内部で「普請仕様目論見御《ふしんしようもくろみご》入用積《いりようつもり》」という、要するに工事の概要とそれにかかる工事費の見積もりをし、直接の工事費が十三万四千七十五両、周辺への補償費や工事人足小屋の建築費などが二万五十両と米千五百二十四石と算定された（向山誠斎《むこうやませいさい》編『蠹余一得《とよいっとく》』二集巻之四、国立公文書館所蔵）。そのうえで、実際に工事を担当する大名五家に工事の担当箇所を割り当てた。なお、現在でも役所では標準的な工事費を算定しているようであるが、江戸幕府なども「本途《ほんと》」という標準工事費とでもいうべき基準を作成して見積もり計算をしていた。

命令を受けた大名は、指定された箇所の工事を請け負う業者を選定することになる。上総《かずさ》（千葉県）貝淵《かいぶち》藩（一万石）林《はやし》家では、土木業者六人に工事費の見積もりをさせ、見積額が一番低かった業者と工事契約を結んでいる。ただ、幕府勘定所による貝淵藩の分担工事箇所の見積額は二万両であったが、貝淵藩と請負契約を結んだ蔵田屋正助という業者の見積額は六万三千百四十四両であり、業者の方が勘定所の三倍の額になっている（『天保雑記』四十五、国立公文書館所蔵）。このように、工事を発注する側で工事費の試算をおこない、そのうえで請負業者に入札させ、金額の低い業者に落札して請負契約を結ぶという入札方式がとられていた。その点では現代とそう変わるところはない。

幕府のおこなう大規模ではない工事でも、入札によって請負業者が選定されている。その一例を紹介しよう。明和《めいわ》四年（一七六七）に、現在の埼玉県東松山《ひがしまつやま》市域を流れる都幾《とき》川《がわ》の洪水により、下青鳥《しもおおどり》村前の「圦樋《いりひ》」（川から用水路へ水を出入りさせるために設けられた水門のこと）が破壊されてしまった。そのため修復工事がおこなわれることになり、入札により請負業者が決定されている。なお、この用水は、水田耕作に利用する下青鳥村など四ヵ村で維持され、「御普請《ごふしん》」といって修理などの工事費は領主側が負担することになっていた。

この圦樋工事には、用水を利用し維持している四ヵ村の者が大半であるが、十四人も入札に応札している。入札の札には、

下青鳥村前圦樋諸色《しょしき》請負
一金二十六両ト銀七匁《もんめ》五分

と、工事件名と請負金額を記し、そのあとに年月および応札者名が書かれている。このような工事請負金額と請負者名を書いた札を作成して応札したのである。小規模な工事でも、請負方式の工事の場合には入札手続きがとられていた（『東松山市の歴史』中巻、東松山市、一九八五年、一一一―一一二頁）。

入札方式は、工事だけではなく、納入物品や払下げ物品までおこなわれている。たとえば、京都で、享和《きょうわ》三年（一八〇三）三月に、幕府が二条御蔵《にじょうおくら》（京都市）の米を売り払うことになり、町触で公示している。応募希望者は、入札前日に二条御蔵へ出向き、台帳に名前を記入したうえで米の現物を見て、その翌日の朝五時《いつつどき》（現在の午前七時から九時のあいだ）に、落札希望価格を記入した札を持参して二条御蔵で入札し、入札価格が同じ場合は、入札に早く来た者が落札という仕組みである（『京都町触集成』第八巻、京都町触研究会編、岩波書店、一九八五年、二九二頁）。

つぎは業者の方であるが、江戸十組問屋《とくみどいや》に代表される株仲間《かぶなかま》など、扱う商品や営業種目ごとに商人や職人の仲間・組合が結成され、年行司《ねんぎょうじ》などを置いて仲間外のいわゆる「素人」商人から仲間・組合の独占的利益を守り、内部の利害調整をおこなってきた。その独占的な位置を利用して価格の調整などもおこない、しばしば「不正」として非難を受けていた。その点では、一般的な意味での談合が日常的におこなわれていた。問題の「談合」が、どのようにやられていたのかを示す史料を見たことがないので、具体的な事例を挙げられないのは残念であるが、同業者組合の日常的な談合を前提にすれば、『世事見聞録』にいう「力づく」、すなわち「談合」が秘密裏におこなわれても不思議ではない。さきの貝淵藩と請負契約を結んだ蔵田屋正助と、応札したが落札できなかった他の五人の業者とのあいだに「談合」があったかもしれないなどと考えてみると面白い。

武陽隠士は、役人も承知のうえのことだと指摘していた。役人が分け前に与《あずか》っていたことを明示するものではないが、「談合」の存在を知っていたことを示すものがある。天保九年（一八三八）に当時の老中水野忠邦《みずのただくに》が、江戸の人口を減らし農村人口を増やすための策を代官に諮問《しもん》したことがある。多数の代官がこれに答え、その上申書が残っているが、西国筋郡《さいごくすじ》代を務めていた寺西蔵太《てらにしくらた》（元栄《もとなが》、一七八二―一八四〇年。「お代官様――悪の代名詞」の項で登場する名代官、寺西封元《たかもと》の子）の回答も残っている（『大日本近世史料　市中取締類集』二十六、旧里帰農之部・人別出稼之部、東京大学史料編纂所、二〇〇四年、一七―一八頁）。そのなかで、江戸の下層町人のなかには故郷の農村に帰そうとしてもどうにもならない者が多数いるので、これらを人足寄場《にんそくよせば》の設置目的を拡大解釈して収容し、海外諸国でおこなわれている「徒罪《ずざい》」のように土木工事や雑用に使ってはどうか、という提言をおこなっている。武家でも町家でも、人足には彼らを使うようにし、将来的には「石垣・道普請」は彼らだけでおこない、そのほか大工・左官などの仕事もやらせるようにしてはといっているが、その理由として、「総じて請負普請と申す事を相止《あいや》め申したく存じ奉《たてまつ》り候」と書いている。つまり、土木工事などを業者に請け負わせる方式はやめ、いわば直営方式に改めるべきだという。これは、請負工事方式が持つ問題点、すなわち武陽隠士が指摘するような弊害の排除のためと考えられ、寺西蔵太はそのカラクリを知っていたのではないかと思われる。

請負工事や物品の納入・払下げをめぐる「談合」がいつから始まったのか、明治から戦前にかけてはどうだったのか、現代まで連綿として続いているとしたら、「談合」という行為を支えるものは何なのか、などなど想像は広がる。同業者が仲間を作り、相談して利害を調整し構成員の利益を守ろうとする行為を談合と呼ぶならば、商人や職人の仲間・組合に限られない。江戸時代の村や町では、住民が寄合《よりあい》などを開いて相談することが繰り返された。住民の利益を守るために相談し、村掟《むらおきて》や町掟を作って構成員を拘束してきたのは、談合と同じことである（『日本の近世』第一巻、朝尾直弘編、中央公論社、一九九一年）。「談合」は現代日本の問題だけではなく、江戸時代にはすでにおこなわれていた歴史を持つ根深いものである。

拾った金は誰のものか

道路に落ちているお金を拾ったらどうするか。交番のお巡《まわ》りさんに届ける。これは小さいころに叩き込まれる「社会の常識」である。ネコババという語には、落とし物などを拾っても届け出ないで自分のものにしてしまうこと、という説明があるほどに悪いこととされている。

以前、お金に限らず道路に落ちているものは拾った人のもの、というのが中世の常識だと、中世史の研究者から伺ったことがある。道路だけではなく川の上流から流れてくるものも、昔話の桃太郎に出てくる桃のように、拾い上げた人のものとなったようだ。そうだとすれば、さきほどの「社会の常識」はいつごろから生まれたのか、が問われなければならない。結論からいうと、どうも江戸時代からのことらしい。

江戸時代の拾い物、あるいは落とし物について、古典落語のなかでもかなり有名な人情噺《ばなし》、「芝浜《しばはま》」を話のネタに、一席お付き合い願いたい。「芝浜」は、別名「芝浜の財布」「芝浜の革財布」「革財布」で、明治時代には「馬入《ばにゅう》」ともいったそうだ。かの三遊亭円朝《さんゆうていえんちょう》が、幕末に「酔っ払い・芝浜・革財布」の三つでまとめた三題噺《さんだいばなし》だという説もあるが、どうもはっきりしないらしい。四代目三遊亭円生《えんしょう》が明治三十二年（一八九九）におこなった高座の速記に、「(芝の海岸から) お台場《だいば》が、一番二番三番と漸〻《だんだん》と、霞《かす》んで見えて参りました」(『口演速記明治大正落語集成』第六巻、暉峻康隆ほか編、講談社、一九八〇年、八〇頁)とあるのは、嘉永《かえい》六年(一八五三)のペリー来航を機に、外国船による江戸への攻撃に備えるため、伊豆(静岡県)韮山《にらやま》代官江川《えがわ》太郎左衛門《たろうざえもん》(英龍《ひでたつ》)の建議により、八月から翌年五月にかけて六基築造された品川台場のことなので、「芝浜」の時代設定は、安政《あんせい》元年(一八五四)以降ということになる。

落語家により、咄の筋が少しずつ違っている。それは、柳《りゅう》・三遊両派による違いもあるらしい。主題は、裏長屋に住む棒手振《ぼてふ》りと呼ばれた行商《ぎょうしょう》の魚売り勝五郎《かつごろう》(三代目桂三木助《かつらみきすけ》の口演、『桂三木助集』(飯島友治編、青蛙房、一九六三年)による。古今亭志ん生《ここんていしんしょう》の高座では、勝五郎ではなく「熊」という名になっている。『古典落語大系』第三巻、江國滋責任編集、三一書房、一九六九年)とその女房の人情咄である。

酒好きがこうじて半月以上も商売に出かけないのに業《ごう》を煮やした女房に説得され、勝五郎は久しぶりに芝(東京都港区芝浦)の魚市場(雑魚場《ざこば》)へ仕入れに出かけた。しかし、時刻を間違えて早く来すぎたため、浜で煙草を吸いながら夜明けを待っているうちに、波打ち際で金四十二両(四代目三遊亭円生のは四十両、志ん生のは五十両と金額が異なる)の入った革の財布を見つけた。勝五郎は、どんぶりという腹掛《はらが》けの前部の物入れに入れるか、盤台《ばんだい》という魚を入れるたらいに入れるか、柳派と三遊派で演出が異なるそうだが、どちらにしてもその金を家に持ち帰り、友達を呼んで大酒盛りのどんちゃん騒ぎをやってしまう。このままでは勝五郎はだめになると一計を案じた女房に、金を拾ったことは夢だったのだと騙された勝五郎は、酒をプッツリとやめて商売に精を出し、その甲斐あって、裏長屋の棒手振りの身から、小さいながらも表店《おもてだな》で奉公人を三人使うほどの魚屋になった。そして三年経った大晦日の夜、勝五郎の女房は、金を拾ったのは夢だったと嘘をついたことを白状して詫びるが、酒におぼれて働かない夫を立ち直らせるための方便《ほうべん》だったと知った勝五郎は、女房に深く感謝するという、しみじみとしたよくできた人情咄の筋立てになっている。

そこで、勝五郎の持ち帰った金の入っている革財布の扱いが問題になる。勝五郎の行為は、まさにネコババだ。金を拾ったことは夢だったと勝五郎を騙した女房はどうしたのかというと、それを隠すことなく家主《やぬし》（家守《やもり》・大家《おおや》ともいい、長屋を管理している人）に相談に行き、家主が町奉行所に届け出ている。実はこれが、当時の拾い物に関する幕府の法に従った行為なのである。

拾い物に関する江戸幕府の法を見てみよう。享保《きょうほう》六年（一七二一）四月に、金一分（一両の四分の一）を麻布狸穴《あざぶまみあな》（港区麻布台）で拾った本両替町《ほんりょうがえちょう》（中央区日本橋）の伝五郎《でんごろう》は、近所の自身番屋《じしんばんや》へ拾得物について書いた札を立てたが、落とし主が現れないので、町奉行所へ届け出た。町奉行所では、伝五郎が届け出たこの拾得物を、さらに三日のあいだ公開するという措置をとっている（『徳川禁令考』後集第三、石井良助校訂、創文社、一九六〇年、二九四頁）。町奉行所が、届けのあった拾得物に対して三日間「さらし」（人々の目に触れるようにすること）という措置を講じるのは、『御定書百箇条《おさだめがきひゃっかじょう》』（『徳川禁令考』別巻、一九六一年、一〇三頁）の規定による。拾った人がその近辺に立て札を立てて落とし主の現れるのを待ち、それでも現れない場合、町奉行所に届け出るという手順である。農村部でも、延享《えんきょう》四年（一七四七）の『地方御条目《じかたごじょうもく》』（東京大学史料編纂所所蔵）によると、拾い物があったら村の名主へ届け出て、七日間立て札を立てておき、落とし主が現れたら受領書をとって拾い物を返し、落とし主が現れなければ代官所に届けるという手順であった。江戸でも地方でも、ほぼ同じ手続きだったらしい。勝五郎の女房の場合、立て札を立てるという行為は見受けられないが、町奉行所に届け出たのは、まさに当時の法に従ったものだった。

落とし主が現れた場合はどうなるのか。現在、落とし主は拾った人に、落とし物が現金であればその金額の何パーセントかを謝礼として贈る義務があり、品物であれば相応のお礼をするのが普通だろう。江戸時代はどうだったのかというと、落とし物がお金の場合は、落とし主は拾った人に半額を渡すという規定があり、現在とは比べものにならないほどの高額な謝礼になっている。その理由は、落とした者の不注意を重視するからだとされる。そこに、江戸時代と現代の法理のズレが見られる。反物《たんもの》など品物の場合、品物はすべて落とし主に返されるが、やはり相応のお礼をすることが義務づけられた（前出『御定書百箇条』、一〇三頁）。

それでは、落とし主が現れなかった場合はどうなるか。現在では、一年もすると警察から拾った人に渡される規定になっている。勝五郎の場合、三木助のは「もう大分前に落とし主がないからッて、お上《かみ》から下がってきたんだけどもね」、志ん生のは「一年たって落し主がわからないって、お金がそっくりもどってきた」、四代目円生のは「先々月の四日に召喚状《おさしがみ》（呼出し状）、何だかとビク〳〵もんで出ると、お奉行さまから、落し主が出ないによッて其《その》方《ほう》の拾ツたものゆゑ、お官《かみ》から改ためて、其方に下さる、有りがたく頂戴しろ」と女房に語らせている。あまりはっきりはしないが、一年くらい経過したころ、届け出た勝五郎の女房に町奉行所から与えられている。『御定書百箇条』（前出、一〇三頁）によれば、六ヵ月経過しても落とし主が現れない場合は拾った者に与えられると規定されている。幕府の規則によれば、六ヵ月経って落とし主が現れないときは、拾った者に与えられたはずである。

ところで、勝五郎のようにネコババし、それが露顕《ろけん》してしまったらどうなるのか。三木助のは「悪くすりゃア打ち首だ、軽くいっても遠島《えんとう》」、志ん生のは「暗いところにでも行かなきゃならない」などと、かなり重い刑罰が科されると予想している。しかし、『御定書百箇条』によると、露顕した場合は「過料《かりょう》」、すなわち罰金が科されることになる。享保十三年（一七二八）に、江戸小梅代地町《こうめだいちまち》（墨田区）の久右衛門は、娘が拾ってきた馬の鞍《くら》の部品である鰐口《わにぐち》一枚を、町奉行所に届け出ないで売り払ったことが見つかり、不埒《ふらち》だということで過料銭三貫文を科されている。三貫文は、金二分（一両の半分）にあたる。「芝浜」が想定している刑罰に比べると、実際にはかなり軽い罰ですんだようだ。落とし物が現金の場合の謝礼が半額というように、落とし主の不注意がかなり重視されたのに通じる法理なのかもしれない。

現代でも、ときどき土の中からお金（といっても古銭や小判だが）などが掘り出されることがあり、所有権をめぐり話題になったこともある。文化《ぶんか》三年（一八〇六）、伊勢山田一之木町《いちのきちょう》（三重県伊勢市）に住む源七《げんしち》は、野村太次兵衛《のむらたじべえ》所有地の土蔵跡で、現在は通用していない古金《こきん》を掘り出したが、これを届けずに両替屋《りょうがえや》へ行って現在通用している小判に替えたら、百五十七両余になった。源七は、弟に諭《さと》されてこれを伊勢山田奉行に訴え出た。山田奉行は、この古金をどうしたか。まず、ネコババしようとした源七に、両替した百五十七両の没収と「急度叱《きっとしか》り」いわば厳重注意を申し渡した。そのうえで、掘り出された金はもちろん落とし物ではないが、拾い物を処理する法を援用し、掘り出した源七に半分、残りの半分を、土蔵は解体され空き地になっているが、この土蔵を建てた貞享《じょうきょう》年中（一六八四―八八年）に土地の所有者であった岡村半右衛門《おかむらはんえもん》という者の子孫と、現在の土地の所有者である野村太次兵衛に半分ずつ与えるという措置をとっている（前出『徳川禁令考』後集第三、二九七―二九八頁）。土中に埋まっていた金の処理は、拾い物の落とし主が現れた場合の規定を援用していたらしい。

ところで私事で恐縮だが、お酒を飲んだりして寝る前には、かなりいいアイデアや解釈が浮かぶことがある。だが、たいていは夢に終わることが多い。

象をめぐる暗闘

現代に生きる私たちは、象を見ようと思えば動物園で簡単に見ることができる。江戸時代の人々にとっては想像上の動物に近かったが、象は三度やって来ていた。歴史学研究会編『新版　日本史年表』（岩波書店、一九八四年）によれば、一回目は、慶長《けいちょう》七年（一六〇二）六月に「交趾《コーチ》（現、ベトナム北部）船、肥前（長崎県）に着き、（徳川）家康に孔雀《くじゃく》・象・虎などを贈る」、二回目は、享保《きょうほう》十三年（一七二八）六月に「コーチ（交趾）国より象二頭輸入」とある。三回目は年表に出ていないが、実は文化《ぶんか》十年（一八一三）に長崎にやって来ている。

一回目のことはよくはわからないが、二回目の象は有名になったのでよく知られている。幕府の命令で、清《しん》国の鄭大成《ていたいせい》という商人の船が、牡《おす》と牝《めす》各一頭を長崎に運んできた。牝は三ヵ月後の九月に死んだが、牡象は長崎から江戸までの大旅行をした。その旅は、沿道の人々の好奇の目とどよめきに迎えられた。京都では、享保十四年（一七二九）四月二十八日に御《ご》所《しょ》に牽《ひ》き入れられ、天皇や上皇、親王から公家たちが見物した。当時の中御門《なかみかど》天皇がこれを見て、「時しあれば人の国なるけだものもけふ九重《ここのえ》にみるがうれしさ」（柳原紀光《やなぎわらもとみつ》『閑窓自《かんそうじ》語《ご》』、『日本随筆大成』第二期第八巻、吉川弘文館、一九九四年、二七七頁）という和歌を詠み、参内《さんだい》のためとはいえ従四位《じゅしい》に叙されるほど歓待された。まさに、天覧《てんらん》の栄《えい》に浴したのである。

象は東海道を下り、五月二十五日に江戸に到着し、同二十七日には江戸城に登城した。八代将軍徳川吉宗は、江戸城大広間に出て象を上覧し、御三家そのほかの人々もこれを見物した。そののち、江戸幕府の浜御殿《はまごてん》の庭（現、浜離宮）で飼育されたが、寛保《かんぽう》元年（一七四一）四月、中野村（東京都中野区）に預けられ、翌年十二月に病死した。吉宗が象を輸入した理由は、吉宗のただの物好きでないとすれば、享保八年にオランダからペルシャ馬、すなわち西洋馬を輸入し、下総《しもうさ》（千葉県）小金《こがね》と佐倉《さくら》に造った牧場で飼育したことなどと、何か関係があるのかもしれない。

ここでは、ほとんど知られていない第三回目の象のことを紹介しよう。文化十年六月二十八日（西暦一八一三年七月二十五日）に、イギリス船シャルロッテ号とマリア号の二隻の船が長崎港に着岸した。象を載せてきたのはシャルロッテ号で、七月五日に出島《でじま》に陸揚げされ、輸出される銅を保管する倉庫に入れられた。この象は、幕府が注文して運ばれてきたのではなく、ピストル、卓上時計、オルガン、望遠鏡などとともに、将軍への「別段の贈物」の一つだった。そこで、長崎奉行がこの象を検分することになったが、このときの奉行は、名奉行として名高い遠山金四郎《とおやまきんしろう》（景元《かげもと》）の父親で、遠山景晋《かげみち》である。遠山景晋は、文化九年二月から同十三年七月まで長崎奉行の職にあった。

この象は、『続長崎実録大成』（小原克紹著、森永種夫校訂、長崎文献社、一九七四年）によると、セイロン（現、スリランカ）生まれで、年齢は三歳、高さ七尺（二・一メートル）、頭から尾までが七尺五寸（二・二五メートル）、前足が三尺五寸（一・〇五メートル）、後ろ足が三尺（九十センチメートル）、足の太さが三尺（九十センチメートル）、鼻の長さが五尺（一・五メートル）という。遠山景晋は、紀行文や日記をたくさん書いているが、長崎奉行時代の日記（『長崎奉行遠山景晋日記』、荒木裕行・戸森麻衣子・藤田覚編、清文堂出版、二〇〇五年）も残っている。その日記には、牝で年齢五歳、高さ五尺、成長すれば一丈（三メートル）になると記され、『続長崎実録大成』の記述と少し異なっている。実際に間近に見て書いた記録なので、遠山の記述は信頼できるのではないか。この象は、長崎版画（長崎で制作された木版画）にも登場している。象の絵とともに、年齢は六歳、体重はおよそ二千斤《きん》余（一斤六百グラムとすると、一・二トン）、高さ五尺三寸、鼻の長さ三尺八寸、体長一間余（一・八メートル）、一日の食物、米二升と茅《かや》三荷、酒一升、砂糖一斤などと説明がついている。セイロン生まれだから、インド象であろう。十二歳から十六歳で大人になるというから、長崎にやって来た象はまだ子供の象である。

八月三日に、象は出島を出て、長崎奉行所役人が警備するなか、ベンガル人の象遣《ぞうつか》いを背に乗せ、イギリス船の船長二人と船員二人、それにオランダ通詞《つうじ》を伴い、長崎奉行所（立山《たてやま》役所）の門をくぐって馬場に到着した。その道筋には、長崎を代表する最大の祭礼、諏訪神社の「おくんち」より多くの人々が群集したという。異国からの珍獣を一目見ようと、興奮した面持ちで繰り出しただろう長崎の人々の様子が目に浮かぶ。

馬場前の馬見所《うまみどころ》に座った奉行や奉行所の重役、敷物《しきもの》に座った町年寄《まちどしより》、長崎会所《かいしょ》や奉行所出入りの人々、さらには見物を希望した人々の居並ぶ前で、象は象遣いの鞭《むち》に促されて四、五回馬場を、馬術でいう早地道《はやじみち》（並足《なみあし》より少し速い）で廻り、象遣いが蛮語で命じるとよく聞き分け、四本の足を折って伏したり立ったりという「芸」を見せた。その間に、好物のトウモロコシ、瓜、スイカ、梨などを、鼻を頭の上にあげ象遣いから鼻で巻き取って口に入れ食べた。鼻で青草をむしり取ったり、前足で根を踏みつけて鼻で草を引き切って食べ、水も鼻で巻き込んで飲み、蝿《はえ》や虫も鼻を振り回して追い払うなど、一切のことを鼻でやるその働きに遠山景晋は感心している。また、性格は温順だが、怒ると大声で吠え鼻を振り回して暴れ、その鼻で打たれるとどのような者でも打ち倒されてしまうらしいとも書いている。牙について、上歯の両脇に小さく生えているのは、牝象だからと推測し、成長すると長くなり、上へ反《そ》り上がるらしい、また竹は禁物で、象は竹やぶのあるところは通らないという説を書き留《とど》めている（前出『長崎奉行遠山景晋日記』、一二〇―一二二頁）。

せっかくの舶載《はくさい》だったが、幕府はこの珍しい贈り物の受け取りを拒んだ。九月一日に、オランダ商館長は、通詞を通して象は受け取れないと伝えられている。このため、象の飼料を長崎奉行所から与えられただけで、象はふたたびシャルロッテ号に載せられ空《むな》しく帰っていった。このころ、オランダ本国はナポレオンに征服され、フランスの従属国となっていた。フランスと戦争中のイギリスは、フランスの従属国となったオランダの東洋における権益を奪おうとして活動し、文化八年（一八一一）にオランダの植民地バタビヤ（インドネシアのジャカルタ）も、イギリスにより占領されてしまった。このバタビヤは、長崎出島に来るオランダ船の出港地である。

象を船載した船には、なんと元オランダ商館長のワルデナール（在任一八〇〇―〇三年）が乗船していた。その目的は、イギリスのインド副総督ラッフルズ（在任一八一一―一六年）の命を受け、長崎出島のオランダ商館をイギリスへ引き渡すことを商館長ヘンドリック・ドゥフ（ヅーフ、在任一八〇三―一七年）に要求するためだった。ワルデナールは、もはやイギリスの指揮下に入っていたのである。象は、オランダからイギリスへの交替の挨拶がわりだったのかもしれない。だが、ドゥフの巧みな交渉により、ワルデナールはその目的を達することはできなかった。『長崎オランダ商館日記』には、そのようなことはまったく記されていない。しかし、商館長ドゥフの書いた秘密日記には、ワルデナールとの緊迫した交渉のやりとりが克明に記されている。日本側も、オランダの情勢を薄々は知っていたが、素知らぬふりをしていた。何も知らない長崎の町では、イギリスが占領したバタビヤから送られてきた象で大騒ぎをしていたが、出島のオランダ商館内では、ワルデナール対ドゥフ、イギリス対オランダの厳しい闘いが繰り広げられていた。十九世紀初頭とは、国際政治の荒波がもうそこまで日本に迫っている、そんな時代になっていた（『長崎オランダ商館日記』5、日蘭学会編、雄松堂出版、一九九四年）。

長崎には珍獣や奇鳥が持ち渡られ、ラクダ、あざらし、駝鳥などが長崎版画に描かれて長崎土産になっていた。このほかには、安永《あんえい》元年（一七七二）ごろ、江戸城内の庭園である吹《ふき》上《あげ》で、「豪猪《ごうちょ》」すなわちヤマアラシを飼育していた。「咬嚁吧《カルパ》（ジャカルタのこと）豪猪」とあるので、オランダ船でもたらされ、江戸まで運ばれたものであろう。ヤマアラシにはユーラシア南部からアフリカに分布するヤマアラシと、南北アメリカに分布するキノボリヤマアラシとがいるというから、これは前者のヤマアラシであろう。どのような目的で幕府が飼育していたのかわからないが、珍獣として飼っていたのではないとすれば、漢方では、肉は大腸の薬、胃は黄疸《おうだん》や水腫《すいしゅ》の薬、とげは心臓の薬として使われているそうだから（『平凡社世界大百科事典』による）、薬用にするため飼育していたのかもしれない。平賀源内《ひらがげんない》（一七二八―七九年）の先生で人参《にんじん》（朝鮮人参）博士として名高く、当時幕府に設けられていた人参製法所を主宰していた田村元雄《たむらげんゆう》（藍水《らんすい》、一七一八―七六年）に下げ渡され、薬園で飼育されたらしい（『田村藍水・西湖公用日記』、『史料纂集』古記録編79、草野冴子・藤田覚校訂、続群書類従完成会、一九八六年、一二七頁）。長崎版画にもヤマアラシが描かれている。これは、天保《てんぽう》九年（一八三八）の持ち渡りという。腹を立てると毛を立てて丸くなり、食べ物は唐芋《からいも》（さつまいも）で、ネズミを捕るのがうまいなどと解説されている。

安永四年（一七七五）には、雌雄二頭の綿羊《めんよう》が江戸に来ている。さきほどの人参博士田村元雄が、幕府の許可を得て、長崎のオランダ通詞吉雄耕牛《よしおこうぎゅう》（幸左衛門、一七二四―一八〇〇年）を通して江戸へ送ってもらったものである。一頭は吉雄の飼っていたもので、いま一頭は長崎にいたものだという。綿羊の代金と運送代で、二十二両もかかっている。オランダ通詞の所有だったので、これもオランダ船でもたらされたものであろう。田村元雄の説明によると、綿羊を繁殖させ、日本でラシャなどの毛織物を織ることができるようになれば、「重《じゅう》宝《ほう》」になるといっているので、珍獣としてではなく、飼育の目的はいわば殖産興業策である（前出『田村藍水・西湖公用日記』、一四一頁）。

国民の生命の重み

国家と国民の権利や生命の関係は、後者を守るために前者があると考えたい。国内でも国の外でも、国家が、国法が私たちを守ってくれると思いたい。これは国家への信頼の問題にかかわる、もっとも重大な事柄である。しかし、国家が、国法を杓子定規《しゃくしじょうぎ》に解釈したり運用することによって、また国益というよくわからない言葉を持ち出して、国民の権利が制約を受けることもまま見受けられるのが現状ではなかろうか。まして前近代の封建社会である江戸時代では、国家と国民（住民）との関係は近代社会とは異なるので、なおさらである。封建社会で国民という語を用いるのは問題があろうが、ここでは住民と同じような意味で国民と表現しておく。

国法、あるいは国策と国民の生命とが天秤にかけられたとき、どちらを重くするのか、あるいはうまく折合いをつけるのか。もしも当事者の立場に立たされたら、大変な問題である。

天保《てんぽう》八年（一八三七）六月に、有名なモリソン号事件が起こった。ここでは国法と国民の生命とが衝突する。北アメリカ太平洋岸に漂着し、イギリス人によって救助された日本人漂流民音吉《おときち》（音吉らの数奇な運命については、春名徹『にっぽん音吉漂流記』晶文社、一九七九年、のち中公文庫、一九八八年）らは、イギリスの手により、はるばる中国広東《カントン》にまで送り届けられた。広東に来ていたイギリス人貿易商らは、音吉ら漂流民を日本に送還する機会を利用して、日本との貿易を交渉しようと計画していた。しかし、イギリス本国政府に許可を求めたところ認められなかったため、ちょうど広東にやって来ていたアメリカ商船モリソン号を使って漂流民を送還することになった。それが、イギリス船ではなくアメリカ商船が日本にやって来たいきさつである。

モリソン号が三浦半島（神奈川県）の浦賀沖に姿を見せると、この一帯を支配していた浦賀奉行所は、当時出されていた異国船打払令《いこくせんうちはらいれい》に従いモリソン号めがけて大砲を放った。何発も撃ったものの命中しなかったが、モリソン号は接岸を断念し、帰途鹿児島湾にも立ち寄ったがここでも砲撃を受けたため、やむなく漂流民を乗せたまま広東に引き返さざるをえなかった。翌年、オランダ商館長が、浦賀にやって来た船はモリソン号というイギリス船（誤報である）で、漂流民の送還を口実にして日本と貿易交渉をする目的であったと、内密に真相を知らせてきた。

事件の真相を知った幕府は、ふたたび漂流民を送還するためにやって来た場合、どのように対応すべきかを議論した。そのなかで、儒学界の頂点に立つ林家《りんけ》の当主で、大学頭《だいがくのかみ》として幕府の文教政策を担《にな》っていた林　述斎《はやしじゅっさい》は、この件で意見を求められた。そのとき述斎は、目付《めつけ》や勘定奉行たちの意見はほぼ同じである、長崎以外の地にやって来た異国船（オランダ・中国・朝鮮・琉球以外の国）は、どこでも打ち払うようにと命令（異国船打払令、文政《ぶんせい》八年（一八二五））があるので、あれこれ議論することなく打ち払うべきなのだが、日本人漂流民を伴ってやって来るということなので、その取り扱いが難しくなる、遠国に住む船乗りのような賤しい者までも、わが国の人なのだから（「遠国船方《おんごくふなかた》等の賤しき者までもわが国の人」）、これに憐れみをかければ、将軍の君徳を重くする、

（現代語訳）

と述べている。たとえ賤しい者でもわが国の人なのだから憐れみをかけなければいけない、という主張である。そこで述斎は、異国船の本船は沖にいて、小船を下ろして漂流日本人を乗せて漕ぎ寄せてきた場合、それでもなにがなんでも打ち払うという措置は、わけのわからない対応となるので、長崎に廻って漂流民を渡すように説得すべきだという。いずれにしても、日本人の漂流民を送還しにやって来たことがわかったならば、打ち払うべきではないという意見である。その理由は、たとえ身分は賤しい者でもわが国の人、すなわち国民なのだから憐れみをかけろというもので、異国船打払令を弾力的に運用すべきだという主張になる。

これに対して目付たちは、たとえ日本人の漂流民を連れてきたとしても、江戸の近海に侵入し、貿易を要求しようとするのは不届きなので、異国船打払令に従って打ち払うべきだと主張していた。寺社奉行、町奉行、勘定奉行に大目付と目付が構成員となっている幕府の評《ひょう》

定所《じょうしょ》は、

漂流民を囮《おとり》に使って貿易の利益をはかろうとしているのだから、林述斎が主張するような対応をする必要はない、わが国に降りかかる西洋からの災害を除くためには、賤しい民の生き死になどを気にせず取り計らうこと（「御国の災害を除かれ候ため、賤民の存亡に拘《かかわ》らず御取り計らいこれ有るべくは」）が、大事な国家の制度を守ることになり、一時的なその場その場の処置をとると将軍の君徳を薄くすることになる、（現代語訳）

と論じて、異国船打払令を守って打ち払うべきだと主張している。これは、賤しい民の生き死にごときにかかずらって、国家の重要な法や制度をそのときそのときで変えるべきではなく、そうすることが国家に降りかかる西洋からの災厄を振り払うことになる、という見解である（以上は、向山誠斎《むこうやませいさい》編『蠹余一得《とよいっとく》』二集、国立公文書館所蔵による）。

ここには賤しき民衆でもわが国の人、国民なのだから、その生命を守るためには国法や制度を弾力的に運用すべきだという林述斎の主張と、賤しき民衆の生命ごときことで、重要な国法や制度を一時でも変えることはできない、という評定所の主張とのぶつかり合いが見られる。林述斎の主張は幕府内部ではごく少数派で、幕府の最高裁判所ともいうべき評定所の主張が多数派であった。

異国船による漂流民の送還について、評定所がこのように言い張るのは、文政八年（一八二五）に発令された異国船打払令の立法過程にいきさつがある。この打払令の議論をリードしたのは、本書にたびたび登場する遠山景晋《とおやまかげみち》である。当時、勘定奉行の職にあり、目付時代には、蝦夷地《えぞち》や長崎、対馬へ繰り返し出張して蝦夷地政策やロシア使節レザノフ（一七六四―一八〇七年）への応対、朝鮮との通信使の交渉にあたり、その後さらに長崎奉行も務めて、十九世紀初めの幕府の外交政策の中枢に関与した。おそらくはこのような経歴が大きくものをいったと思われ、異国船打払令についての幕府の議論で重要な役割を果たした。遠山は、文政七年十二月に、老中大久保忠真《おおくぼただざね》（小田原藩主）に提出した意見書のなかで、つぎのように書いて打払令を発令するよう主張した。

日本人を生け捕りにして連行し、キリスト教に改宗させたうえ、その日本人を送り込んで手引きさせようとしているという噂があるので、漂流民だといって送り返してきても受け取らず、たとえ正真正銘の漂流民であっても受け取らず、どうしても引き渡すと言い張ったならば、日本人ともども打ち払うべきである、漂流民を送り返してくれたのだから特別だといって応対しているうちに、西洋人の策略にひっかかり、わが国の禍《わざわい》のもとになる、（現代語訳）

西洋の国が、日本人を無理やり連行してキリスト教に改宗させ、それを漂流民と偽って日本へ送り込んでキリスト教布教の手引きをさせ、日本を侵略する足がかりにしようとしている、という噂があったらしい。前半分は、どこか北朝鮮（朝鮮民主主義人民共和国）による日本人拉致事件を思わせる噂である。キリスト教への強い警戒心からではあるが、たとえ漂流民の送還であっても打ち払うことを主張している（徳川法制資料『御書付並評議留』、天理大学附属天理図書館所蔵）。

この遠山景晋の意見に沿って異国船打払令が出され、たとえ日本人漂流民の送還であったとしても、また漂流船でも、渡来した異国船の目的を確認することなく即座に打ち払ったため、モリソン号事件が起こったのである。渡辺崋山《わたなべかざん》や高野長英《たかのちょうえい》（一八〇四—五〇年）らは、この政策を批判し世界で通用しないことを最新の世界情勢から説いた。幕府も、イギリスなどとの紛争を恐れ、モリソン号事件から五年後の天保十三年（一八四二）に、漂流船まで打ち払うという行為は、万国に弁明できない措置だといって異国船打払令を撤回している。

卑賤な身分の者の命などにかかずらって、重要な国法を曲げたり国益を損なったりすべきではないという幕府役人の主張に、江戸時代という前近代とはいえ国家の冷酷さを見ることができる。世界情勢についての理解は乏しく、儒教の仁の思想からであろうが、林述斎の賤しき者もわが国民という主張に救われる思いがする。

女房を借金のカタに置いても

ふところ具合も考えず派手に飲み食いしてしまい、所持金が足りなくて代金を払えないかもしれないなどというときに、代金のカタに誰かを置いてゆき働かせて不足分を払おうなど、と、いまでも冗談でいうことがあるのではないか。笑い話では本当にそうなったりするのも、事の成り行きしだいではあるようだが、現実にはおいそれとある話ではなかろう。時代劇とは限らないが、「女房を借金のカタに置いてでも」「女房を質に置いてでも」などというようなセリフがよく使われる。これなどは、実際にそうするというより、そうしてでも金を工面するという決意表明、あるいは男気《おとこぎ》を示すときに使われている。女性にとってみれば、夫にとって「もっとも大事なもの」を質草《しちぐさ》、借金のカタに置いてでもということであるから、一面は喜ぶべきことなのかもしれないが、他面で本当に質草にされたのではたまったものではない。実際に借金のカタに差し出す、質草に置くという意味ではないはずなのだが、江戸時代には本当に借金のカタに女房を出したとんでもないヤツがいた。しかも、れっきとした直参《じきさん》の旗本がである。

ころは天明《てんめい》の末、天明七、八年（一七八七、八八）のことかと思われる。十八世紀も末の一七八〇年代の後半のことである。江戸幕府が十九世紀の初めに編纂した大名・旗本の系図集である『新訂寛政重修諸家譜《かんせいちょうしゅうしょかふ》』（第三、続群書類従完成会、一九六四年、二五〇頁）に、柳沢吉次《やなぎさわよしつぐ》を家祖とする柳沢家が載せられている。元禄《げんろく》時代に五代将軍徳川綱吉の側用人《そばようにん》として権勢を振るった柳沢吉保《よしやす》の家とは、柳沢信俊《のぶとし》を共通の祖としている。吉次を家祖とする柳沢家の信武《のぶたけ》の子供として、男女六人が書き上げられ、末の女子のところに、「大久保《おおくぼ》斎宮忠《いっきただ》篤《あつ》に嫁《か》し、棄《すて》られてのち保々吉次郎貞丈《ほぼきちじろうさだたけ》が妻となる」と記されている。「棄られて」という表現は穏やかではない。江戸幕府編の官撰系図集で「棄られて」と記述されているのであるから、大久保斎宮忠篤と妻である柳沢信武の娘とのあいだに、何事かよほどのことがあったのではないかと興味がわく。なぜ「棄られて」と表現されたのか、他の史料から推測してみたい。

　旗本の日記として有名な『森山孝盛日記《もりやまたかもりにっき》』（『自家年譜』上巻、内閣文庫影印叢刊、国立公文書館内閣文庫、一九九四年）の寛政二年（一七九〇）二月十七日の条に、およそつぎのような記事がある。

　柳沢左右吉《そうきち》（聴信《あきのぶ》）の家のことで、梶川与惣兵衛《かじかわよそべえ》（秀茂《ひでしげ》）と手紙のやりとりをした、その文通の内容は、柳沢家にいる左右吉の叔母と、この人は左右吉の祖父にあたる信武の娘なのだが、御小性組石川大隅守《おこしょうぐみいしかわおおすみのかみ》組の番士保々吉次郎（貞丈）との縁談の件であった、この叔母は、はじめ大久保斎宮（忠篤）のところに嫁に行ったのだが、斎宮という人物は人柄が悪く、そのうえ保々吉次郎と親しく付き合っていたこともあり、吉次郎から百両の借金をし、そのカタとして妻である左右吉の叔母を吉次郎のところに差し出して滞在させた、ところが吉次郎と不仲になったため、叔母は実家である左右吉の家へ帰っていたところ、斎宮との離縁がまだ成立せず離縁状も取っていないうちに、吉次郎が叔母を嫁に貰《もら》いたいとねじ込んできた、こうした吉次郎の行動は不埒《ふらち》で言語道断なのだが、左右吉の方は吉次郎のいうとおりにしたい意向で、もう二、三年も前から相談してきた、しかし親類たちはみな反対だったため、話がなかなかまとまらなかった、このごろになって、左右吉が叔母を吉次郎へ縁づかせることに決め、幕府に縁組願書も提出したので、森山孝盛は梶川与惣兵衛と相談し左右吉との親類の関係を絶つことにしたところ、左右吉の親類、柳沢源七郎《げんしちろう》（安長《やすなが》）があいだに入ってなだめたので、絶縁はしばらく見合わせた、（現代語訳）

人間関係が大変に入り組み、文章の説明だけではとてもわからないので、関係系図を参照しながら読んでいただきたい。

叔母の実家である柳沢家は八百石取りの旗本、当時の当主左右吉は、大番組の番士で三十七歳くらいの人物である。左右吉の叔母が最初に嫁に行った先の大久保忠篤は七百石取りの旗本で、小田原藩主大久保家の一族であるが、忠篤は十七歳で家督を継ぎ、小性組の番士となり、寛政元年（一七八九）七月に五十三歳で亡くなっている。忠篤の結婚歴は三回あり、最初は岩本内膳正正利《いわもとないぜんのかみまさとし》の娘、つぎが問題の叔母、その後が小栗又一信顕《おぐりまたいちのぶあき》の娘である。『新訂

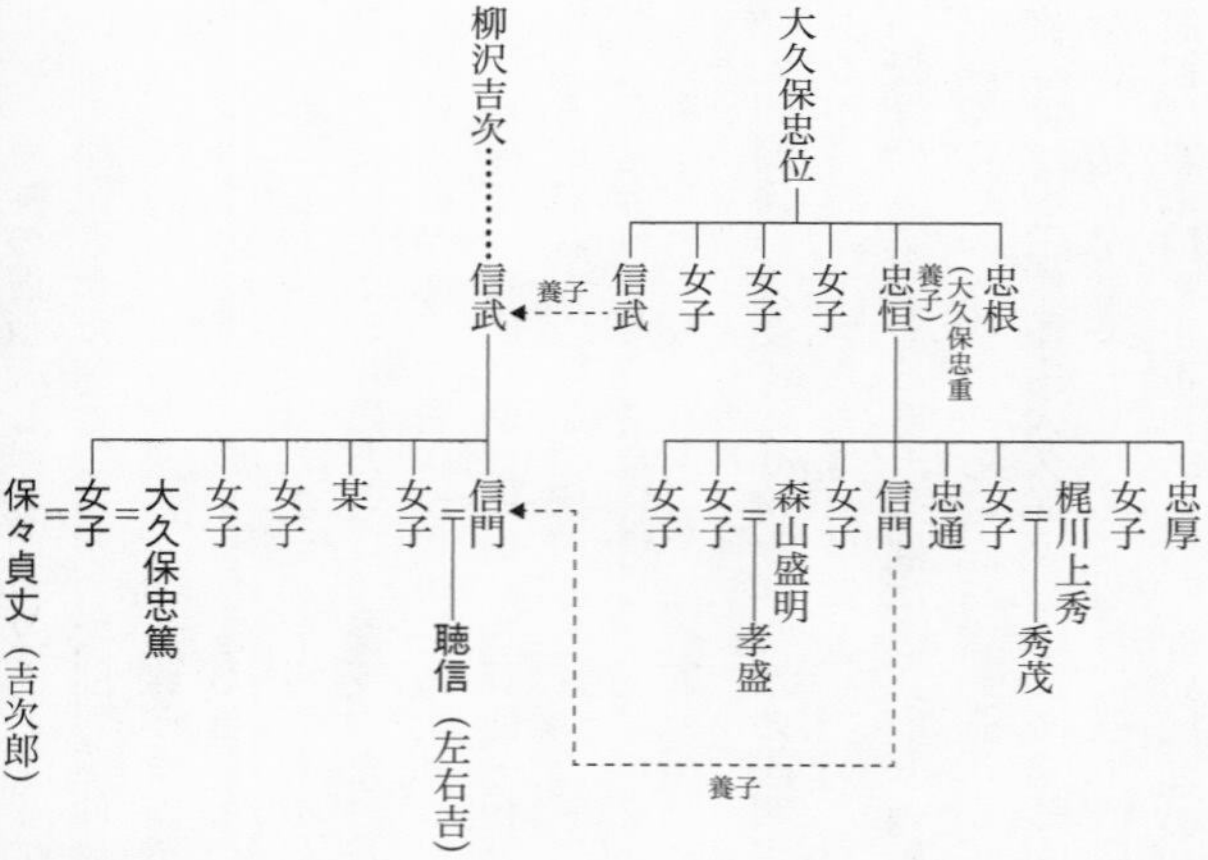

関係系図

寛政重修諸家譜』（第十九、一九六六年、一一九頁）には、岩本正利の娘のところには「離婚」としか記されず、事情はよくわからない。叔母の再婚相手となる保々吉次郎は八百石取りの旗本、十六歳で家督を継ぎ、小性組の番士となった四十三歳くらいの人物である。最初に長谷川《はせがわ》長庸《ながつね》の娘と結婚しているので、左右吉の叔母とは再婚ということになる。最初の結婚相手の実家である長谷川長庸家は、蔵米《くらまい》千俵取りの旗本であるが、ここで目を引くのは『新訂寛政重修諸家譜』（第十四、一九六五年、一〇五頁）の長庸の娘のところにある、「保々吉次郎貞丈に嫁し、棄られて後山下《やました》五郎《ごろう》右衛《え》門勝彦《もんかつひこ》に再嫁《さいか》し、のちまた離婚す」という記述である。長谷川長庸の娘は、保々吉次郎に「棄られ」たのである。柳沢左右吉の叔母と同じ表現が使われている。

保々吉次郎の妻で長谷川長庸の娘が「棄られ」たと表現された事情はわからない。しかし、柳沢左右吉の叔母が大久保斎宮に「棄られ」たと表現された理由は、さきほどの『森山孝盛日記』の記述でほぼ推測がつく。つまり、叔母の夫である大久保斎宮は、同じ小性組番士ということもあってか親しくしていた保々吉次郎から百両の借金をしたが、返済の見通しも立たなかったのであろう、妻である左右吉の叔母を借金のカタとして保々に差し出したのである。男気を示すとか決意表明とかではなく、本当に妻を借金のカタに出したのである。そして、結局は斎宮と離婚ということになり、結果的には借金のカタに差し出された叔母は、金主《きんしゅ》である保々の後妻になるという結末になった。まさに、「棄られ」たという表現がピッタリあてはまる。大久保斎宮が棄てた妻を、先妻を棄てた過去のある保々吉次郎が借金のカタに取って後妻にしたということになる。斎宮は森山孝盛から「不人柄」と表現されていたが、妻を棄てるような保々吉次郎も、おそらく「不人柄」という評判だったのではないか。「不人柄」の男から「不人柄」の男へ借金のカタに差し出された左右吉の叔母の心中やいかに、察するに余りある。

そのような経緯の縁組みなので、森山孝盛をはじめ柳沢家の親類はこぞって反対したが、柳沢家の当主である左右吉は、厄介払いという意味合いもあってか、保々吉次郎の申し出に従って縁談をまとめようとし、親類の反対を押し切って吉次郎と叔母の縁組みを幕府に願い出た。森山孝盛らは大いに怒って、左右吉に親類の縁を切ると通告した。森山孝盛は、養父盛明《もりあき》の妻が大久保忠恒《ただつね》の娘、また、左右吉の父信門《のぶかど》は大久保忠恒の三男で柳沢家へ婿《むこ》養子に入ったので、孝盛の養母と左右吉の父は兄妹という関係にある。いま一人の梶川与惣兵衛は、母が大久保忠恒の娘という孝盛と同じような関係にあった。梶川は、元禄十四年（一七〇一）三月、赤穂《あこう》藩主浅野《あさの》内匠頭長矩《たくみのかみながのり》が殿中で吉良上野介《きらこうずけのすけ》に斬りつけたとき、浅野の背後から抱きついて制止した梶川与惣兵衛頼照《よりてる》の子孫である。なお、その功績で五百石加増され、千二百石取りの旗本になった。左右吉と森山、梶川らのあいだに入ってしばらく絶縁を思いとどまらせた柳沢源七郎は、小性組の番士で、祖を同じくする柳沢家の同族である。

柳沢左右吉の叔母の生涯を思うと暗澹《あんたん》たる気分になるが、天明期、すなわち田沼時代の旗本たちの士風《しふう》の退廃をかいま見ることもできる。また、借金のカタに本当に妻を差し出した者がいたというのは驚きである。とんでもない旗本が時代劇に描かれても、そんな馬鹿なとはいえないようである。

女髪結い繁盛記

便利すぎて困る

現代日本は便利である。つぎからつぎへと便利になる。これまでもその追求だったし、これからも追求するのだろう。どこまで便利になるのか、そら恐ろしい。こういうものが欲しい、こういうものがあると便利だなと思っていると、いつのまにかそれができていて手に入る。作る側も日々工夫を加え、これでもかこれでもかと便利なものを作り出し、消費者に売り込んでいる。私たちの子供のころと比べても、生活の便利さは驚くべきものがある。コンビニエンスストアなど、直訳すれば便利店ではないか。それを売り物にする店である。そういえば便利屋という商売もある。この現在の便利さも、百年いや五十年のちの人々から、昔の人はなんて不便な暮らしをしていたのかね、などといわれかねないし、その可能性は高い。しかし、便利になりすぎたために生まれる弊害や、そのためのコストなどさまざまな面での問題点も指摘されている。

江戸時代の人々の暮らしは、現代の私たちから見れば不便極まりなく思えるし、事実ほとんどの面で不便だったと思う。もちろん、いま思えば不便ななかで、人々は工夫をしてそれなりに便利に暮らしていたことはいうまでもない。ところが、十九世紀半ば近くの天保《てんぽう》期（一八三〇―四四年）には、江戸市中の暮らしに対して、「自由過ぎ候て宜《よろ》しからず」とか、

「自由の足《た》り過ぎ候風俗」あるいは「自由弁利《べんり》」など、「自由」（ほしいまま、わがままの意味）と「弁利」という語を用いて、いかに生活に都合がよいか、便利であるかを指摘し、自由になりすぎた、便利になりすぎたと批判する意見が、幕藩領主側から出てきている（以下、『大日本近世史料　市中取締類集』二十六、旧里帰農之部・人別出稼之部、東京大学史料編纂所、二〇〇四年による）。

天保九年（一八三八）、老中は、江戸の人口を減らし、農村の人口を増やすにはどうしたらよいかと代官たちに質問した。これに答えた幕府代官の多くが、江戸の人口が増える原因は、江戸が繁栄して暮らしやすく、地方の人々を引きつけるからだと主張している。それと対照的に、農業は力仕事でつらい、そのうえいくら働いて米を作ってもなかなか米を食えない、娯楽も少ないなどなど、農村の暮らしの貧しさと苦しさを強調している。

江戸の暮らしやすさにかかわって、豊後（大分県）日田《ひた》の西国筋《さいごくすじ》郡代を務めていた寺西蔵太《てらにしくらた》は、「冬季の大福餅《だいふくもち》、暑中の冷水売《ひやみずうり》、またキワモノ（際物《きわもの》）売りと唱《とな》え、正月の削懸《けずりか》け、七月の色紙短冊《たんざく》、日用の品と申すも刻牛房《きざみごぼう》、冬瓜《とうがん》の裁《たち》など、あまりに自由を成し過ぎ候ゆえ、上下の遊惰《ゆうだ》にあい成り申し候」と書いている。

冬に焼いて売っている大福餅、暑い時分の冷水、キワモノ（三月の雛人形《ひなにんぎょう》や五月の鯉幟《こいのぼり》など、必要な季節の間際になって売り出される、いっとき限りの品物）売りといわれる正月の削懸（掛）けや七夕に使う色紙短冊、日用品では、細かく切ってある牛蒡、すでに切って売っている冬瓜、などを例に挙げている。寒い冬に自分で焼かなくても焼いてある温かな大福餅、夏の暑いときに欲しい冷たい水、自分で色紙を切らなくてもすむ便利な七夕の短冊、自分で切ったり削ったりしなくてよい刻牛蒡、すでに裁ち割ってある冬瓜などを挙げて、欲しいときに欲しいものが手に入る、自分で手数をかけなくても出来合いのものがある便利さ、自由さを指摘しているのである。現代でも、スーパーマーケットなどに行くと、きんぴらを作るのに便利というわけだと思うが、皮を削ぎ細かに刻んだ牛蒡が売られている。最近のことかと思ったら、なんと江戸時代にすでに売られていた。細かに切られてすぐ食べられるようにして売っている野菜サラダ、フルーツサラダなども、同じような趣向である。

削掛けは、正月十五日の小正月《こしょうがつ》に神仏に供える飾りの棒で、柳の枝などを薄く削いで幣《へい》のようにしたものだが、寺西蔵太が子供のころは、「やなぎ、やなぎ」と連呼しながら柳の枝を売り歩く行商人《ぎょうしょうにん》から買い求め、自分で削って作ったものだという。七夕の笹竹に願いごとを書いて提げる短冊も、色紙を切って売っているというが、それも近年、すなわち文政《ぶんせい》から天保期のことだという。要するに、自分でやらなくても切ったり削ったり、焼いたり温めたりしたものが売られるようになったのは、近年、すなわち一八二〇—三〇年代になってからだそうだ。

自分で作らなくとも、手数をかけなくともすむものとして、自由便利の代表に食べ物屋がある。喜田川守貞《きたがわもりさだ》の『守貞謾稿《まんこう》』(『近世風俗志』一、宇佐美英機校訂、岩波文庫、一九九六年、一九一頁)によると、「江戸の盛《さかん》なるもの　すべての小売店　食店　武家調用《ちょうよう》の商人および雇夫の長　酒問屋」であるという。江戸には、食べ物商人が際立って多かったらしい。

文化《ぶんか》元年（一八〇四）の町奉行所の調査によると、食べ物商人は六千百六十五軒、天保六年（一八三五）には、天保の飢饉の影響もあって少し減ったが、それでも五千七百五十七軒にものぼっている（『天保撰要類集』御触・町触之部、国立国会図書館所蔵）。料理屋や飲食店は、宝暦《ほうれき》から天明《てんめい》期（十八世紀後半）に増え始め、しかも鮨屋《すしや》や鰻屋《うなぎや》という、やや高級な店が増え、十九世紀に入るとその増加に拍車がかかったとされている（原田信男『江戸の料理史』中公新書、一九八九年）。

しかし、さきほどの飲食店の数字は通りに面した表店《おもてだな》のみで、往来の仮設の店舗で食べ物を商《あきな》う床見世《とこみせ》（京都・大坂では出し見世）、葭簀《よしず》張り、屋台店などは数に入っていなかった。『守貞謾稿』によると、表通りに面した大店《おおだな》の庇《ひさし》の下、大きな橋の橋詰め脇で橋台《はしだい》と呼ばれた空き地、荷物の積み卸《おろ》しの場である河岸《かし》地、堀端《ほりばた》、火除《ひよ》け地と呼ばれた空き地や土手など、人々の往来の頻繁なところに、食べ物や小間物《こまもの》を商う床見世が、江戸では非常に多かったと記されている。

さらに屋台について、「江戸にては、やたいみせと云ひて、はなはだ多し」「屋躰《やたい》見世は鮓《すし》、天麩羅《てんぷら》を専らとす。その他皆食物の店のみなり。粗酒肴《そしゅさかな》を売るもあり」「菓子・餡餅《あんもち》等にもあれども、鮓と天麩羅の屋躰見世は、夜行《やこう》繁き所には毎町各三、四ケあり」と書いている。夜間人の往来の激しいところでは、一町に三、四軒も屋台が出て、鮨と天麩羅を代表とし、すべて食べ物を商っていたという（前出『近世風俗志』一、一九二―一九三頁）。

越後（新潟県）出雲崎《いずもざき》代官である青山九《あおやまく》八郎《はちろう》は、「往来で無益な食べ物の商売をする者が日増しに増え、商家の奉公人や諸職人たちは、妻子を養うのも忘れて飲み食いしている、夜商売をする者も増え、夜中に食べ物の商売をしなくとも差し支《つか》えはないはずなのに、武家も町人も、深夜になって食べ物などを買うのは、何か理由があるのだろうか、大火の後の夜中にソバ屋が出るのとは違い、夕暮れのうちから食べ物を往来で売っている者は大変に多い」と状況を指摘し、「自由の足り過ぎ候風俗」と批判している（前出『大日本近世史料　市中取締類集』二十六、九三―九四頁）。

大火の後で炊事するのが難しいなど、もっともな理由があるときは別として、そうではないときでも、夕方から夜にかけて屋台などの飲食店が往来にたくさん出て、その数はどんどん増加しているという。その客はというと、多くは武家屋敷や町方の商家の奉公人、あるいは諸職人たちだともいう。夜中、しかも深夜に食べ物を売る店、そこで食べたり買ったりする客、現代日本のコンビニエンスストアや深夜営業の飲食店とその客を連想してしまう。

また備中《びっちゅう》（岡山県）倉敷《くらしき》の代官高山又蔵《たかやままたぞう》は、「江戸の町方には、屋台店が近年になってたくさん増え、多くは夜に営業を始め、いろいろな食べ物を並べて売っている、ここで食べ物を買ったり食べたりしている者は、武家奉公人である中間《ちゅうげん》や商家の奉公人たちで、きわめて便利でよいように見えるが、食べ物のなかには高級なものもあり、下層の者には分不相応である、農村から出てきて武家や商家に奉公している者は、手軽で便利な暮らしに慣れ、買い食いの味を覚えてしまうので、村へ帰りたくなくなる、そのほか近年では和漢の品や金銀類の結構な細工物《さいくもの》なども、いろいろと出来合いで売っていて自由で便利である」（前出『大日

本近世史料 市中取締類集』二十六、一二二頁）と、江戸市中の様相を書いている。そして同じように、自由便利な世相をゆきすぎだと批判する。

高山又蔵も、青山九八郎と同じく、食べ物を商う屋台がたくさん、しかも夜中に出ていること、その客は、中間などの武家奉公人や商家の奉公人たちであることを指摘している。夜中に、けっこう手の込んだおいしい食べ物を売っている、食べ物だけではなく出来合いの物もいろいろ売っているという。どうしてもコンビニを連想してしまう。

江戸では、特別の技術や技能を持たなくても、田畑屋敷などの財産や資本を持たなくても、床見世や屋台店の小営業などで生活ができた。しかも、江戸の暮らしは、農業に比べれば楽な労働であり、町には美食や耳目《じもく》の楽しみがあふれ、自由便利だという。しかし現代は、農村の暮らしも大きく変わったことが、ほとんどどこにもコンビニがあることでわかる。

女髪結い繁盛記

現代では、髪結《かみゆ》いなどという言葉は死語に近いのではないか。髪結いとは、もともと髪を結うことで、それを職業とする人をさした言葉である。しかし男性の場合、中世の末ごろから、額《ひたい》から頭頂部にかけて髪の毛を剃る月代《さかやき》が日常的な髪型になり、江戸時代には庶民一般にまで定着し、それが成人男性の象徴ともなった。このため、成人男性は、月代を剃り髪を結うということになった。髪結いを職業とする者は、店を構え、髪結床《かみゆいどこ》、浮世床《うきよどこ》などと呼ばれ、床《とこ》という語は現代まで床屋さん、相撲《すもう》の床山《とこやま》さんにその名を留《とど》めている。式亭三馬《しきていさんば》の滑《こっ》稽本《けいぼん》の傑作『浮世床』（初編文化《ぶんか》十年（一八一三）、二編文化十一年）は、髪結床が舞台だし、初演は明治六年（一八七三）だが、河竹黙阿弥《かわたけもくあみ》作の歌舞伎『梅雨《つゆ》小袖昔八丈《こそでむかしはちじょう》』の主人公は髪結新三《しんざ》である。戯作《げさく》の舞台や芝居の主人公になるほど、髪結いはありふれた存在だった。ただしこれは、男の髪結い職人が男の客を相手にした。

一方、女髪結いという職業がある。女性の髪を結うことを職業とした女性である。女髪結いは、髪結いとは違って店を出すのではなく、客の求めに応じて出向くという形であった。現代日本では、女性の髪を扱うカリスマ美容師が話題になったが、その多くは男性のようである。それでも、町のこぢんまりした美容院では、女性の美容師さんが多く、もともとは女性の職業という意識が強かったように思われる。髪結いの亭主、などという言い方もそれを表している。

さて、女性が髪を髪結いさんに結ってもらうようになったのは、それほど古いことではないらしい。もとは髪を背中の方に長く垂らす下髪《さげがみ》が一般的であったが、十七世紀末ころから、しだいに島田髷《しまだまげ》やら丸髷《まるまげ》といった、髪を結うという表現がふさわしい髪型が中心になってきた。それが、さらに少しずつ工夫を加えた複雑な髪型になり、流行を追ってお洒落をしようとすると、自分や家族では髪を結うことが難しくなってしまった。もともとは吉原《よしわら》の遊女や芸者の髪を結う女髪結いの技術が、一般女性の髪結いにまで進出することになったのであろう。

女髪結いが増え始めたのは、十八世紀末の寛政《かんせい》期らしい。江戸幕府は、寛政七年（一七九五）十月に町触《まちぶれ》（『御触書天保集成』下、高柳眞三・石井良助編、岩波書店、一九四一年、四三七頁）を出して、女髪結いの統制に乗り出した。それによると、以前は女性の髪を結うことを商売にする者はいなかったし、お金を払って髪を結わせるような女性もいなかった、しかし、最近では女髪結いがところどころにいて、女性たちが遊女や歌舞伎の女形《おやま》などを真似て最近流行の髪型に結ってもらい、それに見合った華美な衣装で着飾り、世の風俗を乱している、と現状をとらえている。現代女性が、女優さんやタレント、モデルなどの流行の髪型や服装の真似をするのと同じ状況であろう。幕府は、女性は自分で相応の身だしなみをするよう心がけるべきで、女髪結いに結わせるなどとんでもないと非難している。さらに、髪を結わせる女性の親や夫はいったい何を考えているのか——親や夫の顔が見たいというところか——と矛先を親や夫にも向けている。

女髪結いには、おいおい仕立物《したてもの》や洗濯など女性の手仕事に替わるよう心がけよと諭《さと》し、女髪結いに商売替えを迫った。しかし、強い調子で女髪結いを厳禁するというよりは、おいおい商売替えするように心がけなさい、と罰則規定のない教諭をする性格が強い。事実、女髪結いを召し捕らえ、取り調べて処罰した事例はなかったという。なお、喜田川守貞《きたがわもりさだ》の『守貞謾稿《まんこう》』（『近世風俗志』二、宇佐美英機校訂、岩波文庫、一九九七年、一五九頁）によると、「寛政頃、女かみゆひ人稀《まれ》なり。一度百文」という。幕府が町触を出して取り締まろうとしたのだから、稀ということはなかろうが、それほど多くはなかったということか。女髪結いに頼むと、一回で銭百文という。

江戸幕府が、ふたたび女髪結いのことを問題にしたのは、天保《てんぽう》十一年（一八四〇）十二月の町触（『幕末御触書集成』第五巻、石井良助・服藤弘司編、岩波書店、一九九四年、二一九頁）である。その町触によると、女髪結いが大変に流行し、裏店《うらだな》住まいの下層町人の女性までが髪結いに髪を結ってもらい、無駄な銭を使っている、それが、町人の娘や子供が贅沢な風俗になる原因となっており、もってのほかだと槍玉に挙げている。女髪結いに対しては、女性の手仕事に替わるよう町役人が教え諭せと命じている。

女髪結いの客は、上層町人の女性だけではなく、裏店に住む下層町人の女性にまで広がった。ところが、町人女性にとどまらなかったらしい。天保九年に、越後（新潟県）出雲崎《いずもざき》代官であった青山九《あおやまく》八郎《はちろう》が、当時の江戸の状況に触れたところで、江戸では女髪結いが流行し、武家屋敷や裕福な町人だけではなく、店借《たながり》の町人のところにまで出入りしていると書いている（『大日本近世史料 市中取締類集』二十六、旧里帰農之部・人別出稼之部、東京大学史料編纂所、二〇〇四年、九三頁）。女髪結いの客は、町人の女性だけではなく、武家屋敷すなわち武家の女性もいたという。また、天保十三年に、老中水野《みずの》忠邦《ただくに》から、女髪結いの取締り強化を命じられた町奉行遠山景元《とおやまかげもと》が、処罰の強化を伺い出た文書（徳川法制資料『三奉行取計』、天理大学附属天理図書館所蔵）のなかで、御目見《おめみえ》以上すなわち旗本や御家人の家族のなかにも、こっそりと女髪結いに髪を結わせている女性がいると書いている。旗本の奥様や娘のなかにも、いま流行の髪型を追いかける女性がいたのだろうか。

　天保の改革が始まると、女髪結いの取締りが厳しくなり、処罰されるようになった。女髪結いを捕まえると、本人は髪結い道具の没収と三十日間の手鎖《てじょう》、女髪結いの親や夫は過料《かりょう》三貫文、髪を結わせた者は三十日間押込《おしこ》め（一室に閉じ込め、出入りさせない刑罰）という処罰を受けた。さらに刑罰の強化により女髪結いを取り締まるという方針が出され、女髪結いは、背中などを百回鞭《むち》打つ百敲《ひゃくたたき》という重敲《じゅうたたき》のかわりとして百日間入牢《じゅろう》、その親や夫は三十日間手鎖、髪を結わせた者は三十日間手鎖、さらに髪を結わせた女性の親までが過料三貫文、というようにかなり重い罰が科されるようになった（前出『幕末御触書集成』第五巻、三七六頁）。結わせる側より結う側の罰が重い。

　女髪結いの取締りは、およそ以上のようなものだった。寛政七年（一七九五）に取締りの町触が出ても効果はあがらず、天保十一年（一八四〇）の町触が出ても、ほとんど効き目がなかったらしい。だから、天保の改革で罰則強化が打ち出されたわけである。効果が出なかった理由はいくつか考えられるが、町奉行所の姿勢が重要だった。寛政七年の町触は、火付《ひつけ》盗賊改《とうぞくあらため》から衣服や髪飾りなどの取締りの強化が提案されたため、それとのお付き合いで出されたようである。しかし、すでに説明しておいたように、おいおい仕事を替えるように心がけろという、罰則のない教諭を主眼としたものであった。その理由は、女髪結いを急に禁止した場合、髪を結うことに慣れていない女性が困ってしまうという利用者側の事情とともに、女髪結いがその日から生活に困ってしまうという事情を斟酌《しんしゃく》した結果である。町奉行所が本気で取り締まろうとしたとは、とうてい考えられない。利用者の事情と女髪結いの生活の維持、という配慮が濃い。

天保十一年の町触は、老中から女髪結い流行の実態を調べた風聞書《ふうぶんしょ》を突きつけられたこともあって、町奉行所も取締り強化の姿勢を示さざるをえなくなり、罰則規定などを設けたものの、厳しく取り締まった形跡はない。町触の最後の方に、

しかしながら、中には夫に離れ、すぎわい（生業《すぎわい》）のたつき（方便）を失い、右渡世いたし候女子もこれあるべき哉《や》につき、今般の儀は宥免《ゆうめん》をもって吟味に及ばず候条、町役人ども厚く世話いたし、髪結い渡世《とせい》あい止めさせ、女の手業《てわざ》にて渡世いとなみ候よう教え聞かせ申すべく候、

と書かれている（前出『三奉行取計』）。つまり、女髪結いのなかには、夫と死別したりして生活ができなくなったため女髪結いを渡世にしている女性もおり、今回は取り調べたりしないので、町役人が生活の世話をして髪結いをやめさせ、他の女性の手仕事に替わるよう教諭しろという趣旨になっている。生活のために女髪結いをしている女性の存在と、その生活を維持させようとする町奉行所の眼差しが感じられる。住んでいる町内の町役人が職業替えの世話をしろといっても、簡単に仕事が見つからず、とりあえず女髪結い以外に生活の道がない、ということになれば、当面は仕方がないということで黙認されたのだろう。これでは、厳しい取締りがおこなわれるはずはなかろう。

いまは若い男性にもいるらしいが、とにかく女性は髪型についてかなり気を使う。髪の長さ一、二センチメートルまで注文を出す。それに応えて流行の、あるいは客の好みに合わせて髪型をセットする美容師さんの技術には感心する。最近では、お正月でもほとんど見かけなくなったが、日本髪と呼ばれる髪型に結う、髪結いさんの技術にもほとほと感心させられる。女髪結いさんの技術が、かなり細ったとはいえ、いまに息づいている。

江戸の贈答事情

現代には、変わったというと語弊があるが、面白い商売がたくさんある。どれも存在理由というか必要があって営業が成り立っている。とくにスキマ産業などと呼ばれる商売には、そのようなものが多い。人が何を求めているか、身近なことで何を必要としているか、いち早く見つけて商売のタネにする、それが商売成功の秘訣でもあろう。その存在理由や必要性のなかに、その時代の姿がかいま見られる。

江戸時代に、献残屋《けんざんや》という商売があった。『日本国語大辞典』（第二版、小学館）によれば、献残とは、「大名が受けた献上物で不用なもの。同じような物が重なり使い切れないで残った物」という意味で、献残屋とは、その献残の払下げを受け、他の献上者に売る商人のことをいうとある。この商売のことをよく伝えているのは、喜田川守貞《きたがわもりさだ》の『守貞謾稿《まんこう》』（『近世風俗志』一、宇佐美英機校訂、岩波文庫、一九九六年、一八六―一八七頁）で、江戸にあって京・大坂にない商売のなかに献残屋を挙げ、つぎのように商売の内容を紹介している。

武家の献上物や相互に取り交わす贈り物、あるいは町人・百姓からの献上品の余ったものを商売にするので献残屋という名称になった。いま武家では、献上されたり贈られたりした品を実用には使わず、献残屋に売却している。献残屋からそれを買って献上用に再利用する品物は非常に多い。（現代語訳）

お中元やお歳暮の時期に、山のようにたくさんの物を贈られる人からその品物を買い取る商売がある、という話をかつて聞いたことがある。世の中には処置に困るほど贈られる人がいて、その贈り物を買い取る商売があることを、驚いたと同時に世の中はうまくできているものだと感心した記憶がある。この不景気な時代、お中元やお歳暮に贈り物をする人と、贈り物の数や金額がかなり減っていると聞く。買い取る商売がいまでも成り立っているのかどうか。

贈答品を買い取り、贈答用に再利用するために販売する商人の存在は江戸時代からかと思っていたら、室町時代から存在しているという（桜井英治「日本中世の贈与について」、『思想』第八八七号、一九九八年、のち桜井英治『交換・権力・文化』みすず書房、二〇一七年所収）。室町時代の武家のおもな贈答品は太刀《たち》と馬であるが、余った、あるいは使わない贈答品を買い取り、それを贈答用に再利用するため売りさばく商人は、早くも十四世紀には存在したようである。

喜田川守貞が献残として挙げている品物は、熨斗鮑《のしあわび》・沽魚《ひもの》・干貝《ほしがい》・塩鳥《しおどり》・昆布《こんぶ》・檜台《ひのきだい》・折《おり》櫃《びつ》・筥《はこ》・樽《たる》・葛粉《くずこ》・片栗粉《かたくりこ》・水餅《みずもち》・金海鼠《きんなまこ》・干蚫《ほしあわび》・くるみ・唐墨《からすみ》・海鼠腸《このわた》・雲丹《うに》といったものである。鮮鯛《なまだい》などは生《なま》ものだし、すぐ食べてしまうだろうが、ここに挙げられているのはたしかに生ものや傷《いた》みそうなものはなく、包みや箱を替えれば、そのまま献上や贈答に再利用できる品物である。おそらくこれらが、贈答品市場に流れ込んだのだろう。そのような商売が成り立った背景には、贈答の頻繁さとその形式化が進んだという事情がある。

このことは、将軍と大名とのあいだの贈答にも表れている。天明《てんめい》八年（一七八八）七月に、幕府は、大名が将軍に献上してきた領内特産品は、古くから品目が決まっているために、実用に役立たない品でも、また献上する理由もなくなったようなものでも、それを取り揃えるのに無駄な金がかかるので、そのような品があるならば品目の変更を幕府と相談するようにと命じている（『御触書天保集成』上、高柳眞三・石井良助編、岩波書店、一九三七年、二六頁）。服属儀礼の一つとして、参勤交代の御礼などのさいに大名は領内特産の品を将軍に献上してきたが、実用ではないものや献上理由がわからなくなったものまで、わざわざ買い調《ととの》えて儀礼のために献上してきた。それは、単なる時候の挨拶のような軽い儀礼ではなく、将軍と大名のあいだの重要な儀礼であるため、たとえ実用品ではなくとも、またそれをなぜ献上するのかその理由がわからなくなったような品でも、大名は古くからの決まったものを贈り続けてきたのである。

形式化した儀礼用品に特化された品物が、換金され再利用される仕組みができあがり、それを担ったのが献残屋という商売だった。喜田川守貞によると、この商売は大坂にはないと思っていたが、御祓筋《おはらいすじ》本町（大阪市中央区）の北に一軒あり、江戸城周辺にはたくさんあり、京都にもあるだろうという。江戸に多かったという事実から、献残屋が、将軍と大名、幕府重職と大名、あるいは大名どうしなど、武家社会の贈答儀礼の裏側に成り立つ商売だったことがわかる。

中世の武家の贈答品はおもに太刀と馬だったといわれるが、これは江戸時代の武家でも同じことである。大名たちは、将軍への御目見《おめみえ》、家督の相続、官位の叙任などの節目節目のみならず、毎年繰り返される年始の御礼から始まる年中儀礼のさいには、太刀と馬を献上していた。また、官位の叙任やその他のときには、老中や側用人《そばようにん》、京都所司代《しょしだい》などの幕府重職に、やはり太刀と馬を御礼として贈っている。一年のあいだには、献上や贈与に使われた太刀と馬はかなりの数にのぼったであろう。武家だけでなく、武家と公家のあいだでも、また公家社会でも太刀と馬の贈答がおこなわれているので、文字どおり数知れないほどの需要があった。

しかし、いくら江戸時代でも、そんなに太刀や馬が流通していたとは思えない。さきの桜井論文によると、室町時代には、馬は贈答用に再利用されていたが、太刀はよくわからないという。江戸時代、年始などのさいに大名は、「御太刀一腰《ひとこし》　馬一疋《いっぴき》」などと書いた、太刀と馬の目録を将軍に捧げる。ところが、その太刀は実は真太刀《まだち》ではなく、木で作った木刀《ぼくとう》だった。喜田川守貞は、これは「上り太刀《あがりだち》」といって、木で作った太刀を黒漆《くろうるし》で塗り、真鍮《しんちゅう》の金具をつけたもので、太刀の形をしているだけの代物《しろもの》だが、献上にはこれを用いた、さらに、太刀代といってなにがしかの金銭を添えたが、この太刀は他に使いようがないので繰り返し献上に使われる、と書いている。

幕末に公家の一条家《いちじょう》に仕《つか》えた下橋敬長《しもはしゆきおさ》によると、公家社会でも同様で、年賀のさいに公家から天皇へ太刀と馬を献上したが、その太刀は木で拵《こしら》えた木刀だったという。大名などが官位を叙任されると、天皇以下へ官物《かんもつ》という名の御礼をすることになっているが、内侍所《ないしどころ》へ太刀代として銀五匁《もんめ》が添えられている。すると、太刀代とは銀五匁、銭に換算すると五百文程度ということになる。「仕様《しよう》がないほどたくさんあった」のに、あまりに価値のないものであったせいか、大正十年（一九二一）ごろには、旧公家や古道具屋などあちこち捜したが見つからず、どうも明治維新後は不要となって「焚《た》き木」にされたのではないか、と下橋は推測している。これが献上用、あるいは贈答用に再利用されたかどうかについては書いていないが、江戸の例からするとその可能性は高い（『幕末の宮廷』東洋文庫、平凡社、一九七九年、四〇頁）。

馬は、室町時代は博労《ばくろう》などに売却され再利用されたようだが、江戸時代は太刀が真太刀ではなかったのと同様に、生きた馬ではなく馬代《うまだい》としてお金が献上ないし贈与された。もちろん、良馬の産地であった南部藩《なんぶ》（岩手県）や仙台藩（宮城県）などが、通常の贈答儀礼ではなく、将軍に馬を献上するときは生きた馬だった。馬の代金といっても、そのときどきの馬の市場価格などというものではなく、一定額に固定されていた。大名が官位を叙任され将軍に御礼をするさい、「御太刀一腰　御馬代」と目録に書いて献上するが、馬代としてほとんどが金十両を進上している。旗本が官位を叙任されたときの馬代は、銀一枚（銀四十三匁に相当）で大名の十分の一以下と安くなっている。このように、馬の献上といっても馬代金であり、しかも時価ではなく定額化されていた。なお幕府は、馬代をその月のうちに納めるようにと催促すらしている。幕府も大名たちも、けっこう世知辛《せちがら》い。

いまでも、結婚式などおめでたい折の御祝儀には、手の切れるような新品のお札を入れる習慣がある。江戸時代にも藩札《はんさつ》や銀札《ぎんさつ》などの紙幣もあるが、領内限りの通用だから贈答用には使えないので、正金《しょうきん》である小判や大判を使うことになる。しかし、貨幣改鋳《かいちゅう》がおこなわれているときには新品の小判もあるが、通常は新品はない。そこで両替屋《りょうがえや》などに行って、傷や欠けのない、いわばきれいな小判を入手して贈っている。刀や馬が現物ではないかわりに、その分だけ小判、大判には気を使ったのだろうか。

このように、天皇や将軍に献上する品も、太刀は木の太刀、馬は馬代、しかも代金は定額というのが、将軍と大名、天皇と公家、あるいは武家との贈答関係の実態であった。きわめて形式化、儀礼化した関係を読み取ることができる。だからこそ、献残屋などという商売が成り立ったのである。

江戸の高利貸し

長らく、超低金利というよりゼロ金利に近い状態が続いている。それこそ、ビックリするようなわずかな利息しかつかない。住宅ローンなどを借り入れるには好都合なのだろうが、年金生活者など利息収入をあてにしていた人々の暮らしには打撃を与えている。金利の高低には功罪あるようだが、基金が生み出す利息でさまざまな文化事業をおこなっている団体では、利息収入が激減したため、その事業規模を縮小するか、基金を取り崩さざるをえない事態に追い込まれている。超低金利は、生活だけではなくわが国の文化事業にも大きな打撃になっている。

電車のなかの広告などを見ていて、貸付金利だけを単純に比較すると、銀行に比べていわゆるサラ金の金利は高いものだといつも思う。しかし、ヤミ金融とか呼ばれるところには、十《と》一《いち》といって十日で一割の利息がつくのもあるという。単純計算すると百日、約三ヵ月ちょっとで返済額は倍になる計算である。それこそすごい高金利である。ただ、それはまだよい方で、もっとすごいのがあるという記事を読んだことがある。その高利金融が、さまざまな悲劇を生んでいることは、よく知られている。

現実の経済というものは、その経済のあり方に即してさまざまな種類の金融を生み出し、貸し手と借り手の双方がいて、それでそれなりに都合よく回転してゆくという仕組みがあるらしい。

江戸時代は、全国的な商品経済、貨幣経済の著しい発展に伴い、金融の活発な時代であった。幕府は、拝借金《はいしゃくきん》制度を作り、自然災害や火災でピンチになった大名などを救済するため、無利息、年賦《ねんぷ》返済という好条件で融資していたし、馬喰町《ばくろちょう》会所（東京都中央区日本橋）や猿屋町《さるやちょう》会所（台東区浅草橋）など政府系金融機関ともいうべき幕府金融機関を設け、政策的な公金貸付を活発におこなった。豪商が大名に融資する大名貸しと呼ばれる大規模な金融は有名である。町や村には高利貸し業者や質屋がいて、町人や百姓身分への金融にあたっていた。また、頼母子《たのもし》講《こう》や無《む》尽《じん》など、町民や村民の相互扶助的な金融も広くおこなわれていた。社会の大小さまざまな局面に金融が存在し、金融なしには一日ともたない、江戸時代とはそんな時代でもあった。

このため、幕府は金利に関心を払い、ときには金利を公定し、ときにはその引き下げをはかっている。たとえば、天保《てんぽう》十三年（一八四二）九月に、「二十五両につき金一分《ぶ》の利《り》足《そく》に利下げ」を触書《ふれがき》で命じた。これは、二十五両借りると月に金一分の利息がつくという意味で、一年間借りると金十二分、すなわち金三両の利息になる。これを年利に換算すると一割二分、つまり金利十二パーセントということになる。幕府の認識では、この触書の前段で、当時の金利の相場は「世上《せじょう》金銀貸借利足の儀、これまで一割半に候ところ」といっているので、一割半、すなわち十五パーセントであったらしい（『幕末御触書集成』第五巻、石井良助・服藤弘司編、岩波書店、一九九四年、四八七―四八八頁）。幕府は、寛政《かんせい》元年（一七八九）に、旗本・御家人が札差《ふださし》（蔵宿《くらやど》）から借りていた借金の大半を返済免除する棄《き》捐令《えんれい》を出したさい、札差の貸金の利息を、以後「金一両につき銀六分ずつ」にするよう命じた。これも、月に銀六分だから年に直すと七匁《もんめ》二分にあたり、金一両が銀六十匁に相当するとすれば年利十二パーセントになる（『御触書天保集成』下、高柳眞三・石井良助編、岩波書店、一九四一年、七〇四―七〇六頁）。これから推測すると、幕府が望ましいと考えていた金利は、年利十二パーセントということになる。

天保十三年の十二パーセントという数字は、「右より高利金一切貸し出し申すまじく候」とされているので、利息の上限を定めたものである。以前に貸し付けられ、それより高利になっている融資も、十二パーセントに切り替えるよう命じられた。この法は、いわば江戸幕府の利息制限法であり、利息公定法である。現在の日本から見ると超高金利に見えるが、それがふさわしいとみなされる経済の仕組みがあったのだろう。

江戸時代の高利金融で有名なのは、車銭（「くるまぜに」あるいは「くるません」と読む）、あるいは車借金（「くるまかしきん」と読む）であろう。貸金の銭一貫文につき、利息が一日に百文という。利率は、一日で十パーセントであるから、年率（旧暦なので、一年は三百六十日と計算する）にすると三千六百パーセントにもなる。トイチの高利金融でも、年率に直せば三百六十パーセントだから、とてもはるかに及ばない。望ましい年利十二パーセントから見ると、言葉を失う高利である。こんな高利だから長く借りる者はいない。資金の回転が速いことから、車銭のような名称がついたのだろう。幕府もさすがにこの高利貸しを咎め、寛文《かんぶん》六年（一六六六）に禁止している。

さて、いま一つ有名な高利金融に烏金《からすがね》がある。文政《ぶんせい》十三年（一八三〇）の序文を持ち、江戸時代の風俗を知るために貴重な文献とされている、喜多村信節《きたむらのぶよ》（一七八三―一八五六年）の『嬉遊笑覧《きゆうしょうらん》』（『日本随筆大成』別巻第十巻、吉川弘文館、一九七九年、三四六―三四七頁）に、一夜、明け方までの約束で借りるのを烏金というのは、かなり古くからのことであるとして、寛文二年に刊行された『正直集』に、「かへりてはくるかりがねをはらふ世にさため有こそからすなりけれ」という歌が載せられているという。渡り鳥の雁《かり》と借り金をかけて烏金を詠んでいる。これによれば、江戸時代もまだ前半の時期から、烏金はあったようである。ただ、『嬉遊笑覧』によると、貸付期間は一夜だったらしい。

十九世紀前半の天保期ごろと思われる、江戸の野菜行商人の暮らしから烏金をのぞいてみよう（『文政年間漫録』、『未刊随筆百種』第一巻、三田村鳶魚編、中央公論社、一九七六年、二九八頁）。早朝、銭七百文を持って、大根や芋などの野菜を仕入れ、天秤棒《てんびんぼう》の両側に下げた菜籠《なかご》に野菜を入れ、「蔓菁《かぶらな》めせ、大根はいかに、蓮《はす》も候、芋や芋や」と連呼しながら路上を一日中売り歩いた。一日の売上げは、一貫二、三百文になる。ここから、明日の野菜の仕入れ金、米代二百文、味噌《みそ》・醬油《しょうゆ》代五十文、家賃（月末に払うが、竹筒に毎日少しずつ貯めておく）、子供の菓子代十二、三文などを引いて、なお、百文から二百文残り、この余りは、酒代、または雨風で稼げないときのための蓄えにする。七百文の元手で、一貫二、三百文の売上げがあり、一家三人が生活できる。

　この野菜行商人に元手の七百文がない場合、烏金を借りることになる。期間は、「暁《あかつき》烏の声きくより棲鴉《せいあ》の声きく迄《まで》」という。明け方烏の鳴くころから、夕方ねぐらへ帰る鳥が鳴くころまで、つまり明け方から夕方までということになる。利息は、銭百文につき一日二ないし三文、金一両では一日銭二百文、一ヵ月借りると六貫文になる。百文の場合、一日の利率が三パーセントにあたり、年利（一年を三百六十日で計算）にすると千八十パーセント、金一両借りた場合の年利は、千二百パーセントになる。車銭の年利三千六百パーセントには及ばないものの、トイチの三百六十パーセントに比べても、烏金の金利はまさに超高金利である。

　しかし、この野菜行商人は、七百文の烏金を借りても、一日に一貫三百文を売り上げるので、借りた銭七百文の利息二十一文を払っても、なお五百七十五文の利益があり生活してゆける。だから、このような超高利の烏金を借りても野菜の行商で生活できるし、貸す側にもきちんと利息が手に入るというのである。お互いの経済が、それなりにうまく回転しているということになる。振売り《ふりう》とか棒手振り《ぼてふ》とか呼ばれた野菜や魚などの行商人や、店舗を持てないため床店《とこみせ》という仮設店舗や屋台で商売する零細商人は、江戸では大変に多かった。わずかな元手で始められる商売であり、しかも元手はなくとも烏金があった。おそらく、烏金の需要はかなりあったのではないか。

　江戸幕府は、車銭のような高利金融を禁止し、望ましい金利相場として、年利十二パーセントを設定し、それ以上の高い金利を禁止した。近代になり、明治政府は明治十年（一八七七）に太政官《だじょうかん》布告第六十六号で利息制限法を出し、不当な高利貸し金融の規制をはかった。その後、大正八年（一九一九）の改正を経て、昭和二十九年（一九五四）に、現行の利息制限法が定められた（のち平成十一年（一九九九）に一部改正）。そこでは、利息の最高限度が、元本が十万円未満は年利二十パーセント、元本十万円以上百万円未満の場合は十八パーセント、元本百万円以上は十五パーセントとされた。江戸幕府が設定した金利の上限と比較すると、現代日本の方が上限が高い。近代的な金融機関がなくて高利貸しがはびこっていたというイメージのある江戸時代の方が、国家権力の設定した利息制限としては、現代より上限が低かったのである。

ただし、あくまでも上限の規制である。江戸時代の金利の相場は、もともと十五パーセントであり、それを十二パーセントに引き下げようとしたのが江戸幕府の金利政策であった。だから、通常の金融の金利は十二パーセントとか十五パーセントであり、現在の日本の通常金利より高いことはいうまでもない。

江戸の女性と証文の怖さ

これは、武蔵国多摩地方（東京都多摩地区）の住民が体験した、幕末に近い時代にみずから蒔いた種とはいえ、江戸の女性と起こしたトラブルで痛い目にあったふたつの話である。

Aは、多摩地方でも宿場や町場ではなく田舎に住む富農の三人兄弟の二男坊である。実家は、この地域では有数の富裕者として知られていた。このAは身持ちの悪い浮気な男とでもいうのか、行く先々で女性ともめごとを起こした（以下、「成内家文書」、早稲田大学図書館所蔵）。

父親は、三人の子を産んだ妻が文政《ぶんせい》八年（一八二五）に病死した翌年に、若い女性を後妻に迎えた。Aは二男なので、将来は、分家するか他家へ養子に行くかのどちらかである。成長してきた男の子三人に若い後妻を母と呼ばせるのは、ゆくゆく不都合なことが起こりかねないという周囲の懸念もあってか、父親はAを五日市村（東京都あきる野市）の者のところへ奉公に出した。奉公といっても、農業労働力としての作奉公《さくぼうこう》とは違う性格のものだったと思われる。

Aは、ここで女性との最初のもめ事を起こした。それは、同じ家に奉公していた女性（「下女《げじょ》」と表現されているので、炊事や雑事に使われていた女性だろう）との密通《みっつう》だった。

同じ奉公先で若い男女が知り合って親しくなり、密通に及んだのだろう。Aにとってはただの遊びだったかもしれないが、女性にとって相手は富農の二男なので、何らかの期待を抱いたかもしれない。おそらくそのような思惑のズレから、二人のあいだにもつれが生まれ、ある日、Aの態度に怒った女性はAの髷《まげ》を切ってしまった。Aは、もとどりのところを切られ、ざんばら髪になっただろう。まことにだらしなく、人前に出られない姿にさせられた。髷を切って男に最大限に近い辱《はじ》をかかせるとは、地方の女性も怒らせると強くて怖い。

Aは奉公先にいられなくなり、髪が伸びるまでの間、宿場に住む親類宅に身を寄せることになった。髪が伸びたのか、一度は実家に引き取られたものの、実家でごたごたが起こり、文政九年（一八二六）に若い後妻は離縁になり家を去った。そしてAは、父親により今度は江戸に出された。おそらく江戸に住む縁者のところなのだろう。Aは、それから約二年後の文政十一年、また江戸から引き取られ、実家での暮らしが始まった。ところが、Aは勝手に借金をしては遊び暮らすなどしたためか父親との折り合いが悪く、実家の長男、つまりAの兄がこのままでは家の中が治まらないと心配し、宿場に住む親類宅を訪れて養子縁組を頼んだ。Aをどこか養子に縁づけたいがふさわしい口がないので、是非と懇願した。素行の悪い「不埒《ふらち》」なAを養子にして起こるかもしれない後難を恐れて親類は固辞したが、仲人を立てての願いに折れて養子にした。経費などはAの父親が負担し、養子お披露目《ひろめ》の式も挙げ養子縁組が成立した。

養父は、Aを独身にしておくのは良くないと考え、多摩地域では格式のある千人同心の妹を嫁に貰い受け、身を固めさせようとした。文政十二年（一八二九）にこの婚礼費用として五十両を実家から受けとり、婚礼を挙げた。だが、結婚してもAの素行の悪さは直らず、自分勝手に物を買ったりして散財した。それでも養父は、注意するだけで堪忍してきた。結婚してもAの浮気癖は直らず、宿場の住民の娘と密会し、妊娠までさせてしまった。今でいう不倫にあたる。当然のことながら厄介なことになってしまったが、間に立つ人を頼んで先方と交渉して貰い、金額はよくわからないが「手切れ金」を出して手打ちにし、なんとか問題を収めた。つまり金で解決したのである。

この件が片づいた歳の暮れ、文政十二年十二月に、宿場のとある旅籠屋に、突如江戸から女性（「婦人」）がやってきた。「娘」ではなく「婦人」という表現なので、成人したそれなりの年齢の女性だったらしい。その女性は、旅籠屋の主人につぎのように訴えたという。

Aが、この宿の住民の養子になっていることを聞き知ったので、江戸からわざわざこの宿までやって来た、そして、養子先に行ってAと面談し、Aを江戸に引き連れて帰る積もりだ、（現代語訳）

と凄い剣幕でまくし立てたらしい。宿内の者のことなので聞き流す訳にもいかない旅籠屋の主人は、その女性を宿にいさせて、人を介してAにこっそりとこの女性の件を伝えた。すると進退窮まったAは養父に、まことに申し訳のないことができてしまい、離縁して欲しいと訴えた。事情を知らない養父は驚き、何故そんなことを言うのかと訳を尋ねると、訳は聞かないでとにかく離縁してくれと訴えたという。養父は、夜中のことなので明朝まで待てと引き留めたが、Aはその夜家出し、仲人宅に身を潜めた。

養父は、旅籠屋の主人の依頼で女性の件をAに伝えた者から、事情を尋ねやっと事の次第を知った。女性は、江戸でAと結婚する約束を交わし（「申し替わし置いた女子」）、口約束だけではなく「ゆくゆくAより扶持を受け、何ようの義これあり候とも見捨て申すまじく候」という書付を貰っていると主張した。女性はAから、口約束だけでなく、将来ともに生活の面倒をみて、何があっても見捨てません、と約束させた証文をとったのである。この証文により、女性は強い立場になる。つまり、訴訟になればこの証文は凄い威力を発揮するからである。女性は、それを百も承知で一札をとったのだろう。ここが、江戸の女性のしっかりしているというか、強く怖いところだろう。

困惑した養父は、仲介人を通して、なんとか少しの金で解決できないか（「少々の金子にても手切りに相成り候わば」）と相談を持ちかけると、女性は「手切れ金」なら百両以上出さないと納得しないと凄《すご》んだらしい。養父は、とても百両もの金を出すことは難しいので、示談で済ますことは無理と判断し、この女性の件が解決するまでAの身柄を養子縁組の媒酌人のところに預けることにした。不埒者とはいえ養子に貰った親類の子なので、離縁せず心も体も改まるまで二、三年も預けて置くことにした、という。ところが実家から早く離縁し、養子縁組した時の持参金五十両を返せとねじ込まれ、とうとう養父と実家の間で訴訟になってしまった。

Aと女性の件がどうなったか、またその後のAの行方はよく分からない。しかし、お金持ちの放蕩息子というか、身持ちの悪い浮気男というか、行く先々で女性と問題を起こし、身から出た錆《さび》とはいうものの、進退窮まるようなとんでもない事態に追い込まれてしまった。おそらくAは、多摩のお金持ちの二男で、女性にもてると勘違いし、実は江戸の女性には金づると見透かされ、手玉に取られたのが実相ではないか。

十八世紀後半以降になると、関東地方の豪農が江戸に進出して商売や店を始めることが増えてくる。これもそのような多摩地方の住民Bの話である（以下、「諸星家文書」、個人蔵）。Bは、在所では名主を務め、同時に江戸にも店をもち商売をしていた。Bは名主職を倅《せがれ》に譲り、江戸で暮らすようになった。そして、そのうち深川の店借《たながり》の娘を囲った。つまり妾《めかけ》にし、家作まで用意して楽しく生活したのである（「別荘妾宅《しょうたく》をかまえ」と表現されている）。Bは、娘の父親から、娘のためにと三十両の金をねだられた。Bは娘かわいさのあまりその無心を承知し、「印紙約定書」を父親に差し出した。「印紙」とは、おそらくBの印鑑を捺した三十両を用立てることを約束する証文のことだろう。つまりBは、妾である娘のために三十両を差し出します、と口約束ではなく、印鑑を捺した一札を書いたのである。前のAの行為と同じことである。

娘の父親は、Bに金の支払いを要求したが何故か拒否された。そこで在所に行きBの倅に証文を見せて三十両を要求したが、倅からも相手にされなかった。娘の父親は、やむなく幕府に訴え出ることにし、訴訟の書類を揃えようとしたところ、Bから協力を得られなかったため、Bの在所を知行する旗本に訴え出た。これにより、Bの所行は知行主の旗本に知られてしまい、知行主の取調べをうける羽目になってしまった。

先ほどの証文が動かぬ証拠になり、Bは知行主の旗本にひたすら謝るしかなかった。三十両から五両を勘弁してもらい、娘の父親に二十五両渡すことになった。しかし、五両は迷惑料なのか、知行主に献納することになった。結局、Bは三十両を支払うことになったのである。Bは、知行主を恐れぬ不埒者ということで江戸御構《おかま》いを申し渡されて江戸追放になり、さらに、在所に戻って謹慎し、家業などに一切口出ししないことを誓約させられた。

Bは、多摩の富農の隠居として若い娘を囲って江戸暮らしを満喫したのだろう。だが、いわゆる鼻の下を伸ばし、そこを娘の父親につけ込まれ金を用立てる証文を書いてしまった。事態は、AもBも同じである。Aの場合は女性本人に、Bの場合は女性の父親に、多摩のお金持ちであることにつけ込まれ、手玉に取られたのである。

五日市の「下女」や宿場の娘は、おそらく口約束だけだったのだろう。ところが、江戸の女性は、口約束の無意味さと証文の威力を知っているので、約束を文書にさせるしたたかさを持っていたのである。今も江戸時代も、証文に印鑑を捺す怖さは変わらないのである。

地獄の沙汰も金次第

お寺に行って墓地を見ると、形も大きさも、また石材も多様な墓石が建てられている。最近のものではない江戸時代のものも、形や石材は現在ほどではないが多様である。時代劇などには、不運な死を遂げた庶民を葬ると、白木の墓標に戒名《かいみょう》ではない生前の名が墨書《ぼくしょ》されたりして、哀れを誘うシーンも見られる。現在でもそうであるように、とくに墓石の大きさは、葬られた故人の生前の業績などによる場合もあろうが、やはり故人の財力、あるいはその家の家格や経済面での豊かさを示すものであろう。墓石だけではなく、葬式も、豊かな家では、まさに財力の差を見せつけるかのように盛大に執行される。時代劇ではあまり盛大な葬式のシーンを見た記憶がないが、裏長屋などの葬儀では、近所の長屋の連中が集まり、僧侶がお経を読んだりする場面が登場することがある。これなど、まことに簡素な葬儀である。

ところで江戸時代、とくに庶民の葬儀や墓石については規制があった。葬儀をおこなうことはともかく、庶民が寺院の墓地に墓石を建てることは、必ずしも古いことではない。おおむね、元禄《げんろく》（一六八八―一七〇四年）ごろ以降のことではないかと推定されている。早い時期のものには、個人名の墓石が多く、「〇〇家先祖代々之墓」といった家名のものはごく少ない。墓石が建てられるようになった背景には、庶民も、家がかなり安定して相続され「家名」が長く続くようになったこと、それに、墓石を建てる経済的余裕が生まれたことなどの事情があるといわれている。

大名のなかには早くから制限を設けていた例があるかもしれないが、幕府が規制を始めたのは、天保《てんぽう》二年（一八三一）のことである。この年四月に、最近、百姓・町人身分の者が、分不相応《ぶんふそうおう》に盛大な葬儀をおこない、大きく立派な石碑を建てているのは問題だとして、葬儀のさいに読経する僧侶は十人以内にすること、僧侶などへの施し物も分限《ぶんげん》相応にすること、さらに、石碑は台を含めて高さ四尺（約一・二メートル）を限度とすることなどを命じている（『御触書天保集成』下、高柳眞三・石井良助編、岩波書店、一九四一年、四四五頁）。この触書《ふれがき》が出る十五年前の文化《ぶんか》十三年（一八一六）に書かれた武陽隠士《ぶようかんし》の『世事見聞録《せじけんぶんろく》』（本庄栄治郎校訂、奈良本辰也補訂、岩波文庫、一九九四年、二七一―二七二頁）には、町人の贅沢・富強《ふきょう》ぶりを批判して、その葬儀が取り上げられている。それによると、葬式を出す家の者はみな葬儀用の衣装を着て、棺桶《かんおけ》も飾り立て、葬儀への参列者には、饅頭《まんじゅう》・菓子・剛飯《こわめし》（赤飯ではない白いおこわ）などを二千人、三千人分も用意し、読経の僧侶へは、米二百俵（八十石。十二トン）、三百俵（百二十石。十八トン）に相当するものをお布施《ふせ》として渡しているという。

読経する僧侶の数は、十人以内に制限してもかなりのものではないか。現代では、一人から二、三人というのが通常であろう。江戸時代の貧乏人の葬式では、僧侶が葬式に来ないで、引導《いんどう》を渡すかわりに野文《のぶみ》という文書ですますことまであったという。これは、僧侶を呼んでお布施を渡す余裕がなかったからだろう。同じ百姓・町人身分でも、一方は十人以上もの僧侶を呼んで盛大な葬儀をおこなう、片や一人の僧侶も呼べず野文ですます。なんという格差だろうか。

近年、僧侶に渡すお布施の額によって戒名《かいみょう》に差をつけるのはおかしくはないか、という疑問が強まっている。死後、居士《こじ》、信士《しんじ》などの位号に加えて院号などがつけられる。上から院《いん》殿《でん》大居士・大姉《だいし》、院居士・大姉、居士・大姉、信士・信女《しんにょ》、禅定門《ぜんじょうもん》・禅定尼《ぜんじょうに》が一般的なランクという。お寺から故人に戒名をつけてもらうには、戒名のランクによりお布施をいくら払うのかという相場が決まっているという。よく「地獄の沙汰も金次第」というが、お金の額で戒名に差があるのは納得できないという意見も理解できる。

江戸幕府は、戒名についても墓石などと同様に制限を設け、さきほどの天保二年四月の触書で、庶民が院号・居士号をつけることを禁止している。文化十一年（一八一四）に書かれた小川顕道《おがわあきみち》の『塵塚談《ちりづかだん》』（『燕石十種』第一巻、岩本活東子編、中央公論社、一九七九年、二九七頁）では、百姓・町人身分の者の戒名について、世の風潮を激しく非難している。かつては百姓・町人だけではなく、武家でもなんらかの理由がなければ院号をつけるようなことはなかった。しかし、この六、七年以来というから、文化年間、十九世紀に入ってから、堕落した僧侶が金儲《かねもう》けの目的で、武家でも百姓・町人でも区別なく院号を与えていると、僧侶を厳しく非難し、幕府に対しては戒名に関する禁制を出すように求めている。ほぼ同じころに書かれた『世事見聞録』（前出、二七二頁）では、お寺の側が、武家よりも富裕な町人の方を大事にして、大名らと同じように院号を贈っていると批判する。元文《げんぶん》二年（一七三七）生まれの著者が、世俗の移り変わりを書き留《とど》めた『塵塚談』によれば、百姓・町人身分の者に盛んに院号がつけられるようになったのは、先にも述べたとおり文化年間に入ってからということである。

いくら経済的に豊かとはいえ、百姓・町人身分の者に院号を贈ることは、身分社会である江戸時代では、身分制とからんだ問題があった。『世事見聞録』の著者がいうように、百姓・町人身分の者が大名と同じく院号をつけている、という点であろう。「地獄の沙汰も金次第」であり、死後の称号のことだから関係ない、ということではすまなかった。大名、あるいは広く武家の墓石を見れば、「〇〇院殿」が頭に来たり、最後に「〇〇院」と彫られたものを数多く見ることができる。江戸時代の身分制の厳しい現実社会のなかでは、大名ら武家身分と百姓・町人身分とは、身分上の上下関係がはっきりしている。ところが、死後の法号である戒名になると、同じように院号がつけられ、生前の身分の上下関係は表現されなくなる。

大名どころではない。江戸幕府の歴代将軍を見てみると、いずれも院号が贈られている。徳川家康が安国院《あんこくいん》、家光が大猷院《たいゆういん》、綱吉が常憲院《じょうけんいん》、吉宗が有徳院《ゆうとくいん》となっている。つまり、将軍も院号だった。江戸時代の武家身分の頂点である徳川将軍も、戒名という点では、富裕な百姓・町人身分と同格だったことがわかる。

ところが、実は天皇も院号だった。現在私たちは、たとえば後醍醐《ごだいご》天皇のように「〇〇天皇」と呼んでいる。しかし、後醍醐天皇と呼ぶことは、江戸時代の人々にとっては常識ではないし、正確にいえば間違っている。江戸時代の人は、後醍醐院と呼んでいた。江戸時代の公家の名鑑、朝廷の職員録である『雲上明覧《うんじょうめいらん》』には、天皇位についた歴代天皇が書き上げられている。それを見てみると、第六十二代村上天皇まではみな「〇〇天皇」と記されているのに、第六十三代冷泉院《れいぜいいん》以降は、すべて「〇〇院」という院号が載せられている。つまり、ある時期から天皇にも院号が贈られていたのである。上は天皇・将軍から下は百姓・町人身分まで、院号をつけていたことになる。院号という点に限っていえば、江戸時代はけっこう平等な社会だったなどともいえる。

だから、それは問題だと声高に主張する人が出てきた。大坂の著名な儒学者中井竹山《なかいちくざん》（一七三〇―一八〇四年）は、寛政《かんせい》元年（一七八九）に執筆した『草茅危言《そうぼうきげん》』（『日本経済大典』第二十三巻、滝本誠一編、明治文献、一九六九年、三二四―三二六頁）のなかで、天皇の位についた方に、その死後に贈られるのが院号であって天皇号ではないことを嘆いている。その理由は、院号というのは大名から庶民までが用いているものだから、天皇に院号を贈っていては、日本国の「極尊《きょくそん》」の地位にある天皇にふさわしくないという。朝廷では幕府と交渉した末に、天保十一年（一八四〇）に亡くなった兼仁《ともひと》上皇に、翌年光格《こうかく》天皇と贈り、天皇号を再興した。村上天皇が康保《こうほう》四年（九六七）に贈られて以来であるから、実に八百七十三年ぶりの天皇号復活である。これ以降、天皇の位についた方には、仁孝《にんこう》天皇、孝明《こうめい》天皇と天皇号を贈ることになった。そしてこれは、金の力ではどうにもならない、庶民はもとより将軍よりも天皇が「極尊」の地位にあることを明示する称号であった。なお近代に入ると、一世一元制となり、死後は明治天皇のように「元号＋天皇」と贈るようになった。ちなみに、現代の私たちが、後醍醐院も含めてすべての歴代天皇を「〇〇天皇」と呼ぶようになったのは、大正十四年（一九二五）に時の政府が決定して以来のことなのである。

豊かになった農民が、高いランクの戒名を望むようになり、旦那寺《だんなでら》に奉納金を出すのと引替えに院号を求めることがおこなわれていたようである。現在の東京都あきる野市にある真言宗の古刹《こさつ》、大悲願寺《だいひがんじ》に残された日記には、寺と檀家《だんか》のやりとりがしばしば出てくる。寛政九年正月に、ある檀家が亡くなったと連絡があったので、住職は信士号の法名をつけてやったところ、家族の者が居士号を願ったので、金一両と引き替えに故人一人だけということで認めてやった。家族は以後代々の死者を居士号（家付《いえつき》居士号と呼んでいる）にするよう願ったが、住職ははねつけている。全体としては、金次第で高いランクの戒名がつけられるようになったことは疑いないが、そこには家の格式や村の慣行、僧侶の考え方もあり、そう簡単にはいかなかったらしい（『大悲願寺日記』上巻、五日市町立五日市町郷土館、一九九三年、一九八頁）。

放蕩息子の矯正

読み書き算盤

テレビの時代劇に、手紙や高札《こうさつ》などが映されることがある。上手な草書体《そうしょたい》で書かれていると、時代考証がよくできているなと感心する。しかし、時代は戦国のはずなのに江戸時代のような書体で書かれていると、まだ考証が足りないのかなと残念に思うこともある。草書体の書状が出るのはその内容などどうでもよい場合で、大写しにされてもほとんどの視聴者には読めない。文面がストーリイ展開にとって重要で、視聴者が読めないと都合が悪いシーンには、稚拙なうえに楷書《かいしょ》に近い書体で、しかも現代の話し言葉のように書かれた手紙が大映しになり、唖然《あぜん》とさせられる。文体はさておき、書体、つまり文字の書き方は時代によって変化する。同じ江戸時代でも、おおむね十七世紀前半の寛永《かんえい》期以前とそれ以後とではかなり違ってくる。また使う紙の種類や、その紙を一枚の大判で、あるいは半分に切って、さらには半分に折って使うのかなど、用途による違いもある。また、学校の書道の授業で使うような真っ白な薄手の半紙が使われると、時代が違うんだよと興ざめ《きょう》してしまう。

江戸時代の武家は、源平合戦のころの武者と違い、全員が読み書きできたのは当然として、村でも名主《なぬし》（庄屋《しょうや》）や組頭《くみがしら》など村役人を務める上層の百姓や、町の上層町人らは、江戸時代の早くから読み書きと計算の能力を持っていた。そもそも江戸時代の政治や社会の仕組みは、それを条件に成り立っていたともいわれる。コレコレをしてはいけないという禁止や指示を紙に書いた触書《ふれがき》を、村や町に渡せば住民全員に伝達されることになっている。また、今年の年貢はコレコレと書いた年貢割付状《わりつけじょう》という文書を渡せば、村の方で計算して個々の百姓に割り当て、それを集めて年貢を領主に納める、という村請制《むらうけせい》と呼ばれる仕組みも、村に一定数の読み書き・計算能力の持ち主が存在することを前提としている。中世の後期、戦国時代を通してしだいに生まれてきた状況らしい。だから、村の上層百姓の当主や家族たち、あるいは町家の主人やその家族が読み書きできても不思議でもなんでもない。問題なのは、それより下の階層の人々、漠然とした用語だけれども、庶民の読み書き、算盤《そろばん》能力だろう。

安政《あんせい》元年（一八五四）、アメリカ東インド艦隊司令長官兼遣日特使として、前年六月に続いて来日し、日米和親条約を締結したペリーたちは、帰国する前に、横浜や伊豆下田《しもだ》、箱館《はこだて》（函館と書くのは明治に入ってから）などを検分し、そのときの様子を『ペルリ提督日本遠征記』（第四巻、土屋喬雄・玉城肇訳、岩波文庫、一九五五年、一四〇頁）に書いている。そのなかに、「下田でも函館でも印刷所を見なかつたが、書物は店頭で見受けられた。それ等の書物は一般に初歩的性質の安価なものか通俗的の物語本又は小説本で、明かに大いに需要されるものであつた。人民が一般に読み方を教へられてゐて、見聞を得ることに熱心だからである」という記述がある。下田や箱館に印刷所は見かけなかったが、絵草紙《えぞうし》やら戯作本《げさくぼん》などであろうか、たくさんの書物が売られていることに注目し、その理由を日本人が文字を読めて、さらに知識欲が旺盛であったことに求めている。また、女性も芸事《げいごと》だけではなく読み書きにも通じていたと、庶民レベルの読み書き能力の高さ、およびそれに支えられた書物の多さに驚いている。

古代都市トロイ遺跡の発見で有名なドイツのシュリーマン（一八二二―九〇年）も、慶応《けいおう》元年（一八六五）に横浜に上陸し、江戸や八王子（東京都八王子市）での見聞を『日本中国旅行記』（『シュリーマン日本中国旅行記　パンペリー日本踏査紀行』、新異国叢書、藤川徹・伊藤尚武訳、雄松堂書店、一九八二年）に書いている。そのなかで、「日本の教育は、ヨーロッパの最も文明化された国民と同じくらいよく普及している」「だから日本には、少なくとも日本文字と中国文字で構成されている自国語を読み書きできない男女はいない」と記している。教育がヨーロッパの文明国と同じ水準に普及した結果、読み書きのできない日本人はいないとまでいっている。そこまでいえるかどうかは留保するとしても、幕末日本の庶民には、読み書きのできる者がかなり多かったことを窺わせる。

幕末に向かってしだいに識字率は高まっていったが、その急激な向上は十八世紀末から十九世紀初めにかけて始まったらしい。信州埴科《しんしゅうはにしな》郡森《もり》村（長野県千曲《ちくま》市森）の中条唯七郎という上層農民で知識人が書いたものから紹介してみたい（柄木田文明「史料紹介　中条唯七郎『見聞集録』」、『成蹊論叢』第三三号、一九九四年、一二七頁）。弘化《こうか》三年（一八四六）ごろに、四、五十年以前と比べて森村がどのように変化したのかを、さまざまな面から書いていて面白い。

昔は森村も無筆《むひつ》人が多く、いまそれを語っても誰も信じてくれないほどだ、私が二十二、三歳のころから素読《そどく》が流行し、年季奉公人《ねんきほうこうにん》（奉公先で夜間に学んだという）までも読むようになって以降、いまでは森村の人々は、俳諧、狂歌、和歌さらには長歌《ちょうか》まで嗜《たしな》む人も多いほどになり、まったく天地黒白《てんちこくびゃく》ほども変わってしまった、しかしこのような事態は森村だけのことではなく、世間一般に見られる、（現代語訳）

中条唯七郎は、安永《あんえい》二年（一七七三）生まれだから、二十二、三歳ごろとは寛政《かんせい》六、七年（一七九四、九五）にあたる。そのころに素読が流行り、それ以来、俳諧や和歌が盛んになり、いまでは無筆の者がいないほどだという。これは森村だけのことではなく、真田《さなだ》家松代《まつしろ》藩（長野県）領の村では、十八世紀の末から、庶民が素読、読み書きを習うという動きが始まり、急速に進んで、十九世紀半ば近くには読み書きできない者がいないくらいになったという。この間の変化は、信じてもらえないほどのものだともいう。

農村部での読み書き能力の向上は、俳諧や狂歌、和歌などを嗜《たしな》み、また各種の小説を読み、さらに生け花、茶の湯、書画などの芸道にまで及んだ。農村部に俳句や和歌のサークルがたくさん作られ、相互に交流を重ねていた。広大な裾野《すその》を持つ農村部のこのような動向が、江戸を中心に大量の書籍の出版と、出版業の隆盛をもたらしたことはいうまでもない。ペリーたちが注目した多量の書物が販売されていた背景はこれだろう。ただ、なかには家業の農業を捨て、学問あるいは俳諧などで身を立てようとする者も現れるに至った。

十八世紀末ごろの幕府の触書では、十四、五歳までは読み書き算盤を習わせ、成人したら農業に励ませろ、子供のうちに読み書きを習わせ、成人したら手習いや読書は無用にしろ、と教諭している。その理由は、芸事が上達するとそれで稼ごうとし、農業をやめて他の職業につこうとするからだという（『牧民金鑑』上巻、瀧川政次郎校訂、刀江書院、一九六九年、二九五頁。『群馬県史』資料編9、一九七七年、寛政元年（一七八九）八月申渡）。領主側からすると、ある程度読み書きができる方が触書などを周知させるには都合がよかった。しかし、それが進んで遊芸《ゆうげい》（俳句や狂歌などもそのようにみなされた）にふけったり、さらには家業である農業をやめそれで身を立てようとするのを抑えようとした。

上層の農民でも、たとえば中条唯七郎は、村民が遊芸へ進んでゆく動きに必ずしも肯定的ではない。また、飛驒（岐阜県）のある老農は、天保《てんぽう》十四年（一八四三）に、百姓は無筆無《む》算《さん》の方がよい、筆算ができると農業をおろそかにして遊芸・好事《こうず》に走り、ついには家を潰してしまうことになる、と語っている（『豊田友直日記』、東京大学法学部法制史資料室所蔵）。村の維持と家の永続を願う篤実な農民にとって、農業をおろそかにしかねない遊芸へののめり込みは認められなかったのだろう。

読み書きの能力を身につけ、現実の狭い世界を飛び越えようとする庶民と、支配に都合のよい範囲に押し止《とど》めようとする領主とのせめぎ合いが、読み書きという問題をめぐって起こり、結局は庶民が勝利を収めてゆく。中条唯七郎は、かつては限られたところしか作れなかった木綿も、いまはどこでも作ることができるようになったし、秋菜《あきな》も同様になったのは、人々が「才発《さいはつ》」、すなわち賢くなったからで、都会から山奥の辺鄙《へんぴ》なところまでみなそうなり、人の「才」の発展はかつてに比べて「天地懸隔《けんかく》」だという。

慶応四年（一八六八）三月の「五箇条の誓文《せいもん》」に、「官武一途《いっと》庶民ニ至ル迄《まで》各《おのおの》其《その》志ヲ遂《と》ゲ、人心ヲシテ倦《う》マザラシメンコトヲ要ス」という一条は、民衆の「天地懸隔」した「才発」の状況を前提にすれば、当然のものであろう。また、明治五年の学制布告に、「学問は身を立てるの財本《ざいほん》」とあるのも、民衆の願望と合致していたのではないか。

江戸時代の庶民は、読み書きという面でかなりのレベルに達していた。だから、時代劇にたとえ稚拙なものであれ庶民の書いた書状が登場しても、当たり前なのである。ただ、楷書のような書体と現代の話し言葉のような文体ではなかった。読み書き能力に象徴される民衆の「才」の発展は、すでに江戸時代とは異質の社会が展開し始めていたことを示している。

放蕩息子の矯正

現代も江戸時代も、子育ては難しく大変である。古典落語などには、放蕩《ほうとう》息子や道楽息子、そしてそれに手を焼く親の咄《はなし》の出てくるものがある。その日稼ぎのようなカツカツの生活を送る下層町人の世界ではなく、大店《おおだな》の跡取り息子で、ゆくゆく親が隠居した後には身代《しんだい》を相続し、家業を継がなければならないような存在が咄のタネになっている。世間知らずのわがままぶりと、それに振り回される人々などが、面白おかしく描かれる。江戸時代の商家などでは、家を継ぐ前に大いに遊んでおいて、継いでからは遊びをプッツリやめ家業に精を出すようにするのがよい、という教訓があると聞いたことがある。

現代では、人間社会の高度化と複雑化、あるいは社会の行き詰まりと進歩への懐疑などが、人の心に複雑な影を落としているためか、青少年は成長の過程でさまざまな困難な問題を抱え込むようになった。そのような事態を受けて、精神面の困難を抱えた青少年を保護者から預かり、心身を鍛えることによってその子の困難や問題を解決することを謳った団体が活動していた。情緒障害児を集め、訓練により治療し矯正することを目的とし、体罰を伴う厳しい合宿式のスパルタ訓練をおこなうヨットスクールで、昭和五十五年（一九八〇）から五十七年にかけて、訓練の過程で四人の訓練生を死に至らしめたとして、傷害致死と監禁致死などの罪に問われた事件のあったことが思い起こされる。青少年の成長にとって困難さが増せば増すほど、その救済やら矯正を謳う宗教団体を含む各種の団体の活動の場が広がることは当然だろう。

江戸時代にも、「乱心」「放蕩」などという語で括られているが、青少年の成長過程での困難や問題があったし、その矯正を謳った団体が生まれていた。ここでは、そのことを紹介してみたい。

国立国会図書館所蔵の「旧幕府引継書」に含まれる町奉行所関係史料のなかに、文化《ぶんか》二年（一八〇五）九月、南町奉行の根岸肥前守鎮衛《ねぎしひぜんのかみやすもり》（一七三七―一八一五年）が担当した事件の判決文が留《とど》められている（『撰述格例』後編第八冊ノ下）。事件名は「浪人山下飯之助、新規異流《いりゅう》の儀あい企《くわだ》て、愚昧《ぐまい》の者を惑せ金子《きんす》を徳用いたし候一件」である。山下飯之助という浪人が、何事か新規に「異流」を企て、人々を誑《たぶら》かして金銭を巻き上げたという内容の事件らしい。山下は、霊岸島長崎町《れいがんじまながさきちょう》一丁目（東京都中央区新川）の忠右衛門店《だな》に住む浪人だったという。

その判決文には、山下飯之助は、浪人の身分にもかかわらず、あたかも武家（主君を持ち仕官している武士の意味）であるかのように、家の玄関に長柄《ながえ》の槍《やり》、具足櫃《ぐそくびつ》、弓、鉄砲袋など、武家の標識ともいえる武具を飾っていたこと、「実事論会学道《じつじろんかいがくどう》」と書いた看板を表に掲げて、「乱心者」と「放蕩者」を教諭により治すと唱え、「新規異流」の企てをしたこと、『鏡学経《きょうがくきょう》』という容易ならざる内容のことを記した著作を版本《はんぽん》にし、これを弟子に読ませたこと、学堂《がくどう》（学校）を建設するため弟子たちに資金を出させて本湊町《ほんみなとちょう》（中央区湊）に町屋敷を購入し、学堂の建築現場を見回りに行かせた弟子の浅草福富町《あさくさふくとみちょう》二丁目（台東区蔵前）家《や》主金右衛門《ぬしきんえもん》の倅金蔵《せがれきんぞう》に、町人身分にもかかわらず苗字を名乗らせるなどしたこと、そして、このように愚昧の者を騙して不当に利益を得ようとしたことなどが罪状として書き上げられている。判決は、山下の行為は不埒《ふらち》であるとして遠島《えんとう》処分になった。

ここでは、「乱心者」「放蕩者」を教諭により矯正すると唱えていたこと、そして、私塾に類すると思われる施設があり、さらに新規に学堂を建築中だったということが注目される。この一件について、いま少し具体的な事柄が、『北叟遺言《ほくそういげん》』（第三十一冊、東京大学史料編纂所所蔵）に記されている。山下飯之助自身は、普段は継上下《つぎかみしも》を着し、外出のさいには若党《わかとう》を従え、妻を奥様と呼ばせていたという。上下とは、上衣が袖《そで》なしの肩衣《かたぎぬ》で、下衣が袴《はかま》という装束《しょうぞく》であり、上と下が異なる布の場合に継上下といって、同じ布のものより略式であるが、江戸時代の武家が公用に用いたものである。奥様とはこの時期では旗本の妻の呼称なので、山下飯之助は、浪人ながら武家身分の格式で生活していたことになる。なお、史料には山下父子ともあるので、山下飯之助の息子も父とともに塾、学堂の運営にあたっていたらしい。

依頼されれば一ヵ月いくらという料金を取って、矯正できるまで山下の自宅に預かる方式をとっていたという。下層の貧乏な町人の子弟は、その対象とならなかったであろう。矯正のやり方は、大勢で責める、また責め道具もあったというから、具体的にはわからないがかなり暴力的な手段を使う場合と、暴力ではなく教諭による場合とがあった。

その「放蕩者」に対する教諭は、『北叟遺言』には「何とか教《おしえ》」と書いてあるだけだが、さきの判決文によると、山下は『鏡学経』という著作を版本にしたと書かれていたので、『鏡学経』という本によったのであろう。版本で『鏡学経』という本があるのか、『国書総目録』で捜してみると、東京国立博物館、三重県立図書館、そして個人蔵の三冊の所在が知られるのみである。『鏡学経』の版本を、三重県立図書館所蔵のそれで見てみると、寛政《かんせい》十年（一七九八）冬、「伊勢　西山源時敏」の序文を持ち、寛政十年十一月に鏡学堂蔵板として開《かい》板《はん》されたものである。序文にある西山時敏がいかなる人物なのか、西山と山下とはいかなる関係にあるのかなど、私はまったく知らない。そもそもこの版本の『鏡学経』と、判決文のなかに出てくる山下飯之助の著作である『鏡学経』とが同じものなのかすら確定できない。

山下飯之助の教義は、判決文によると「心学《しんがく》に似寄《によりそうろう》候論」とされ、石田梅岩《いしだばいがん》の始めた心学に類似したものと説明されている。版本の『鏡学経』を読んでも私にはさっぱり理解できないため、その内容の紹介は省略する。ただ、この版本によると鏡学という名称は鏡の徳にもとづいて命名され、神道、儒教、仏教のように書物を通じて学ぶのではなく、「実事」を論じることを重視する、そのために塾の名を「実事論会の学堂」と称するのだという。書物を読んでそのなかから学ぶというより、質問に対して答え、「実事」を論じながら学ぶということを中心に据えているように読み取れる。塾の看板に「実事論会学道」と書いてあったと判決文にあり、版本の『鏡学経』にも「実事論会の学堂」とあるので、山下の『鏡学経』と版本で伝わる『鏡学経』とは同じものであろうと推測はできる。

教義の内容はともかく、山下の学堂はかなりの人数を集めたようである。『北叟遺言』によると、若い放蕩息子どもは、とかくこの学堂へ行きたがり、そのため山下が預かる人数も大勢になったという。山下飯之助が町奉行所に逮捕されたとき、山下宅には放蕩者が三、四十人もいたという。息子の「乱心」「放蕩」に手を焼いたたくさんの親の存在と、「乱心」「放蕩」の若者を惹きつける何かを持った山下飯之助の相貌が窺われる。町屋敷を購入し、そこに新たな学堂を建築中だったのであるから、山下の「実事論会の学堂」は順調に発展しつつあったらしい。

山下が逮捕されるに至った経緯は、つぎのようなものだった。ある町人が、不埒を重ねる息子に手を焼き山下のところへ預けた。ところが、息子の「放蕩」が直らなかったためか、なかなか家に戻れず、毎月の費用も嵩《かさ》んだため、親は息子を戻してくれるように何度も申し入れた。にもかかわらず、山下が息子を帰さないため、親はやむなく町奉行所に訴え、とうとう事件となって山下父子が逮捕されたという。三、四十人もの若者が、江戸市中の山下の家に預けられて「合宿」のように集団で暮らし、新しい施設も建築中というのだから、当時かなりの話題になっていたのではないかと推測される。山下の指導で、実際に矯正できたのかどうかなどは知りようもないが、「乱心」「放蕩」息子にほとほと手を焼いた親がすがりつき、その息子も喜んで行ったというのだから、それなりの効果が評判になったのではなかろうか。

「乱心」「放蕩」という用語で表現されてしまっているが、成長の過程で困難と問題を抱えた多数の青少年の存在、子弟の教育と養育に手を焼き自身ではどうしようもなくなってしまった親たちの存在、そしてそれを矯正すると称する団体の存在など、十九世紀初めの江戸の社会相の一面は、どこか現代に相似したものを感じさせる。

「うろたえる」老人たち

歳をとっても矍鑠《かくしゃく》としている人もいれば、かなり早くから病に倒れたり認知症が発症する人もいて、個人差が大きい。親が歳をとってくると、元気な年寄りでいてほしいとは思うものの、いつ病気で倒れるか、いつ認知症になるのかなど、いつも気になってくる。それなりに覚悟はしているつもりでも、それが現実になると、家族はどうしてよいやらうろたえてしまう。いまは、うろたえるというと、狼狽《ろうばい》する、慌てふためく、とまどうという意味で使われている。『日本国語大辞典』（第二版、小学館）によると、うろたえるには、うろつく、うろうろと歩くという意味もある。

最近はそれほど聞かれなくなったが、老人の徘徊がある。家の中を徘徊するのではなく、家から外に出て歩き回り、どこに行ったかわからなくなってしまったなどという話がよくあった。自治体によっては、緊急連絡用のスピーカーにより捜索依頼の放送を流すところがある。いつごろどのへんに出かけたが家に戻らないとか、どのような服を着て出かけたとか、さらには身体的な特徴などを参考のために流し、人々に情報や発見を要請する。認知症のため、家を出たはいいが戻る道筋がわからなくなってしまったのだろう。以前には、張り紙に書いて貼ってあるのを見かけたこともある。介護保険法の施行などにより、老人介護の問題が多少は改善されたのであろうか、以前ほどは耳にしなくなった。
徘徊とは、うろうろする、うろうろ歩くなどの意味であるから、うろたえると同じような意味になる。江戸時代の京都の町触《まちぶれ》を見ていると、「うろたえる」という語をよく見かける。享和《きょうわ》元年（一八〇一）八月二十七日に出された町触を紹介してみよう（『京都町触集成』第八巻、京都町触研究会編、岩波書店、一九八五年、一九三頁）。

粟田《あわた》領東町《ひがしちょう》（京都市東山区）の美濃屋次郎吉方に同居している父親で、清蔵という今年五十七歳になる者が、今月十二日の昼ごろにひょいと（「不斗《ふと》」）出かけたまま家に戻ってこない、清蔵は近ごろ「老耄《ろうもう》」したそうである、木綿の浅黄霜降《あさぎしもふ》りの単物《ひとえもの》に、木綿の花色と浅黄を継ぎ合わせた襦袢《じゅばん》を着て、茶の木綿の帯をして出かけたそうである、捜してほしいと次郎吉が願い出てきた、そのような者が「うろたえ」ていたら、東町奉行所へ訴え出るように、（現代語訳）

住所、名前、年齢、行方がわからなくなった日にち、最近の様子、そして着衣の特徴など、手がかりになりそうな情報が公開されている。清蔵さんは、五十七歳になり、最近めっきり「老耄」、つまり老いぼれて耄碌《もうろく》したという。五十七歳で「老耄」だ、耄碌だなどといわれると、ドキッとさせられるが、江戸時代ならそれもあるかなと思う。十二日にふっと家を出たまま戻ってこないという。町触が出たのが二十七日であるから、行方不明になってからもう十五日も経っていることになる。家族が町奉行所に捜索願を出すにしても、ずいぶんとのんびりしているものである。清蔵さんには、過去にもそういうことがあったのかもしれない。倅《せがれ》の次郎吉もさすがに心配になったのか、捜索願を提出したのであろう。倅の願いを受けた京都町奉行所は、このような町触を流して、清蔵さんらしい人がどこかで「うろたえ」ているのを見つけたら、町奉行所に連絡しなさい、と命じている。

清蔵さんは、「老耄」というのであるから、古い言い方なら耄碌であり、今風にいうなら、認知症といわれる状態になったのであろう。息子と一緒に住んでいる家を出て、そのあたりを歩こうとしたのかもしれない。しかし、家へ戻る道がとんとわからなくなってしまい、うろうろしているうちにどこを歩いているのかもわからなくなり、ただただうろついて歩いているのだろうか。「うろたえ」という語からは、徘徊しているというより、自分がいるところがどこがどこだか、そのうちなにがなんだかわからなくなり、ただただ狼狽してうろうろ歩いているという老人の姿を思い浮かべることができる。

そのすぐ一ヵ月後の九月二十五日にも、祇園《ぎおん》新地末吉町《すえよしちょう》（東山区）の近江屋弥三郎の祖父次兵衛さん六十七歳が、二十一日にやはりふと家を出たまま戻らないという訴えが出され、やはり町奉行所から「うろたえ」ているのを見つけたら連絡するようにという町触が出ている。次兵衛さんも、最近「老耄」したと書かれているので、さきの清蔵さんと同じような事情であろう。享和三年（一八〇三）閏《うるう》正月には、七十二歳の平兵衛さんの捜索願が出されているが、平兵衛さんも近年「老耄」したという。

家をふと出て行方がわからなくなった日から家族が捜索願を出した日を数えてみると、清蔵さんが十五日、次兵衛さんが四日、平兵衛さんが六日である。現代から考えると、少し日にちが経ちすぎている。よほど捜したが、なお見つからなかったということであろうか。ということは、行方がわからなくなり、二、三日「うろたえ」ていたところを見つけられた老人はもっと多かったということになるだろう。江戸時代でも都会には、認知症により家へ帰る道がわからなくなり、「うろたえ」ている老人がかなりいたらしい。

「うろたえ」ていたのは、「老耄」した老人だけではなかった。寛政《かんせい》十一年（一七九九）の一年間に京都では、家族から捜索願が出て触れ流された町触の数が九件とかなり多かった。近江屋六兵衛下人の利兵衛さん十八歳、山科郷《やましなごう》（山科区）の百姓善兵衛さん三十五歳、鱗形屋《うろこがたや》伊兵衛下人の徳次郎さん十九歳、綿屋市兵衛下人の利八さん十二歳、糀屋《こうじや》宇之助父の宇右衛門さん五十四歳、そして住吉屋多助弟の他吉さん十六歳の六件は、老人と同じくふっと家を出て行方不明となってしまった者で、彼らについては、「生得愚かなるもの《しょうとく》」と書かれている。この六人には、十二歳から五十四歳まで年齢にかなりの幅があるが、共通して生まれつき愚か者だという。

八百屋はやの父久次郎さん四十五歳は、「持病に癇症《かんしょう》」とある。「癇症」とは、病的な神経過敏症、あるいは神経質のことととされている。また、丸屋伊助の父藤八さん四十九歳は、「生得差詰《さしつ》まり候気質」とされているが、差詰まった気質とはよくわからない。持病や気質と「うろたえ」のあいだには、どのような因果関係があるのか私にはわからないが、持病の

「癇症」が「うろたえ」の原因とされている事例は多い(前出『京都町触集成』第八巻、五四頁)。

「うろたえ」ているとは書かれていないが、迷子を知らせ情報を求める町触も、町奉行所から出されている。寛政十二年十一月、三条《さんじょう》中島町《なかじまちょう》(中京区)で五歳くらいの男の子が、夜の五時《いつつどき》(午後七時から九時のあいだ)にさまよっているのが発見された。町触には、着ているもの、名前と住所を聞いても何をいっているのかわからない、疱瘡《ほうそう》の痕《あと》があり、片方の目が悪い、というこの子に関する情報が盛り込まれている。そして、心当たりのある者は中島町へ行って確認し、間違いなければ京都町奉行所へ来るようにという町触であった(前出『京都町触集成』第八巻、一五〇頁)。五歳で「言舌《げんぜつ》あい分かり申さず」、さらに片方の目が悪いということだと、状況としてはこの子は「うろたえ」ていたのであろう。いわゆる迷子や行方不明者なのか、あるいは捨て子なのか、この町触だけではよくわからないが、捨て子の可能性がある。

行方不明になった本人も、またその家族も、ともに「うろたえ」ていたのだろう。病になっても、認知症が発症しても、本人も家族も「うろたえる」ことのない社会や仕組みが望まれる。

天明七年のポスター

神仏に願いをかける願掛けは、いまでも盛んにおこなわれている。正月の初詣にあれだけの人々が神社仏閣に押し寄せ、神仏の前に手を合わせて拝礼している姿は、遊びやレジャーの一つという面がないわけではないが、やはり神仏への願掛けである。投げ入れられるお賽《さい》銭《せん》の額は、景気に左右され上下があるようだが、願掛けにお賽銭は必要と考えられているので、参拝者はなにがしかのお金を賽銭箱に投げ入れている。神社仏閣への参詣《さんけい》↓お賽銭↓願掛けの手順である。神社などへのお賽銭について、江戸時代後期の梅辻《うめつじ》（賀茂《かも》）規清《のりきよ》（一七九八―一八六一年）という上賀茂神社の元神職が、否定的な発言をしている。お賽銭などというものは、神社と神職の「米びつ」（飯のタネ、金儲《かねもう》けの手段といった意味の俗語）でしかなく、投げ入れる側も、わずかな金額を使って大金を手に入れようなどというのはあまりに強欲だ、といった趣旨の過激な批判をしている（『神道烏伝祓除抄《しんとううでんはらえしょう》』、東北大学付属図書館所蔵狩野文庫「瑞鳥園叢書」）。なお梅辻規清は、烏伝神道《うでんしんとう》を創始して社会改革を唱え、江戸で布教活動をおこなって幕府に警戒され、八丈島（伊豆七島の一つ）に流されてしまった。

神社やお寺に行くと、一メートルくらいの高さで、「百度石《ひゃくどいし》」などと彫った石柱が建てられているのを目にすることがある。以前、奈良の興福寺に行ったときも見かけ、興福寺と百度石という組み合わせに、どこか違和感に近いものを覚えたことがある。お百度参りは、『国史大辞典』（吉川弘文館）の「ひゃくどまいり」の項に、特定の神仏に百度参詣する行為をいい、個人的な心願《しんがん》で願掛けする場合に多くおこなわれる、という説明がある。さらに、もとは霊験《れいげん》あらたかな神仏に毎日続けて百度参る形式だったが、簡略化され一日に百度参詣するようになった、一度より百度の方が効果があると考えられた、ともある。百度石を目印に、百度石と特定の神仏のあいだを往復して拝礼する。いまでもやる人がいるのかなとも思うが、かつて京都の北野天満宮《きたのてんまんぐう》でお百度参りをする老婦人を見かけたことがある。百度参りのとき、お賽銭はどうするのかよくわからなかった。

百度参りほど知られていないかもしれないが、千度参りというのもある。百度参りよりかなり気合が入っている。百度より千度の方が、神仏の注意を強く引くことができ、より効果《ご》的だというのだろう。天明《てんめい》七年（一七八七）六月に、京都で神社仏閣ではなく天皇の住む御所《しょ》への千度参りがおこなわれた。現在も御所は京都御苑《ぎょえん》の一郭にあり、高い築地塀《ついじべい》に周囲を囲まれているが、その築地塀のまわりをグルグルと人々が廻った（時計回りらしい）。当時の人が、これを「禁裏《きんり》（御所あるいは天皇をさす）へ御千度」と表現している。東京であれば、皇居へ千度参りするようなものである。

六月初めから始まり、最初は十人から二十人くらいの少人数だったが、だんだんに増えてゆき、六月十一日には爆発的に増加し、五万人という大勢の人が御所千度参りに集まった。まさに「諸人群参《しょにんぐんさん》」の様相を呈《てい》した。なおこの行動は、断続的に九月ごろまで続いたようである。これだけの人が集まると、千度参り参加者相手に、酒と肴《さかな》、トコロテンや瓜《うり》を売る商人もたくさん集まったらしい。また、朝廷ではこの千度参りを制止するどころか、御所内の冷たくきれいな湧き水を築地塀の脇の溝に流し、後桜町《ごさくらまち》上皇はリンゴを配り、有栖川宮《ありすがわのみや》はお茶を振る舞い、鷹司《たかつかさ》家からは強飯《こわめし》が配られたりと、朝廷や公家は湯茶、握り飯などのサービスに努めた。

人々は、御所の築地塀のまわりを何周か廻り、南門あるいは唐門《からもん》のところに来ると拝礼し、お賽銭として銅銭（寛永通宝《かんえいつうほう》）一枚、あるいは十二枚を色紙に包んで、門前の敷石《しきいし》のところを賽銭箱に見立てて投げ入れた。「十二銅山をなし、散銭《さんせん》（賽銭）敷石を埋め」と当時の史料が伝えるように、毎日毎日お賽銭の額も相当なものだったらしい。ある史料によると、毎日四十貫文（銅銭の枚数で四万枚、金に換算して六両三分に近い）もあったという（以上、『落葉集』九、国立公文書館所蔵）。

人々は何を願掛けしたのか。銅銭を包んだ色紙に願い事が書かれていたらしい。米価が高騰しているのに、京都町奉行所は何もしてくれないといった不満も書かれていたというが、五穀成就《ごこくじょうじゅ》、すなわち豊作を天皇に願うのが一番の目的だった。当時は、長く続いた天明の大《だい》飢饉《ききん》のピークにあたり、凶作が続いて米価は上昇し、東北地方を中心に餓死者が続出した。江戸や大坂をはじめ、全国の城下町などでは一揆や打ちこわしが頻発するという、全国的に不穏な状況にあった。京都では、一揆や打ちこわしが起こらないかわりに、御所への千度参りが大規模におこなわれたということになる。凶作が続いて米価が高騰したことによる生活苦から逃れるには、五穀成就、豊作を願うしかないということで、それを天皇に祈願したのである。つまり、人々は天皇を神仏に見立て、天皇の住む御所へ千度参りし、米価高騰による生活苦からの解放のため、豊作を祈願した。

この御所千度参りの参加者は、もちろん京都市中の人が多い。思い思いに個人で加わるのもあるし、町内でうち揃って行くのもあったようだ。千度参りが噂になると、噂を聞きつけた人が見物に来て、つい一緒にグルグル廻ったということもあったようだ。また、京都だけではなく、噂が伝わった大坂の人が、淀川を船で上ってやって来ることもあった。京都近郊の近江《おうみ》（滋賀県）や河内《かわち》（大阪府）の村々から、熱狂的な伊勢神宮へのお陰参《かげまい》りを髣髴《ほうふつ》させるように参加したともいわれる。しかし、それだけで六月十一日に五万もの人が集まるとは思えない。実は、六月十一日に御所千度参りへ参加しよう、と人々に呼びかける「張《はり》（貼）札《ふだ》」があった。

「張札」とは、『日本国語大辞典』（第二版、小学館）には、「通行人の目にふれるように、紙や板に知らせるべき事柄を書いてはり出すもの。掲示の札」と説明されている。現代風にいえば、掲示板や塀、さらには電柱などに貼られたポスターということになろうか。この「張札」のうちでも物騒なのは、「火《ひ》札《ふだ》」であろう。それは、遺恨のある相手の家に、放火するぞと書いて貼ったり、道路などに撒《ま》いておく札のことで、『享保度法律類寄《きょうほうどほうりつるいよせ》』（『徳川禁令考』別巻、石井良助校訂、創文社、一九六一年、二頁）には、火札を貼った者は三日晒《さら》しのうえ死罪、頼まれて火札を書いた者は流罪《るざい》、『御定書百箇条《おさだめがきひゃっかじょう》』六十三条（前出『徳川禁令考』別巻、一〇三頁）では、「遺恨をもって火をつくべきむね、張札または捨文《すてぶみ》いたし候者」は死罪と規定されている。刑罰規定があることから、遺恨から相手を脅迫する目的で「張札」が貼られることはよくあったらしい。それは死罪など重罰を科される犯罪であるが、人々にある種の行為や行事への参加を呼びかけるために貼られたものもあったのである。

　三井文庫《みついぶんこ》（江戸時代の越後屋呉服店や三井両替店などの史料を収蔵）所蔵史料のなかに、「永書《えいしょ》」という表題の冊子がある。三井越後屋京本店《ほんだな》の日記で、京本店内の記事だけではなく、各種の情報も書き留《とど》めている。天明七年（一七八七）六月七日のところに、つぎのようなことが記されている。

　今月の初めころ、ところどころの門に札が張ってあるという風聞があった、その札の表には、「天下太平五穀成就」と書いてあり、その下に稲を打ち違《たが》えたこのような彩色した絵が描いてあった、さらに、近ごろは凶作だといって米穀の価格が高騰し、そのため生活に困窮した人が多く、大変に難儀している、そこで六月十一日に「禁裏へ御千度参り」をしようというお志をお持ちの方はご参加ください、と書いてあった、（現代語訳）

　油小路《あぶらのこうじ》松原《まつばら》（京都市下京区）の辻の門に貼られていた札には、「米穀豊作のため、禁裏へ御千度参り仕り候、稲荷大明神の霊夢をこうむり候につき、当月十一日、信心の方は御参詣これあるべきもの也」と書かれていたという。どちらにしても趣旨は同じであるが、文面には多少の違いが見える。前者には、天下太平五穀成就と書いた下に彩色した稲穂が描かれ、米穀の高値による生活困窮の打開を祈るため、後者は、稲荷大明神（伏見稲荷）の霊夢を受けて米穀豊作を祈るため、ともに御所への御千度参りを呼びかけている。

御所千度参りの人が爆発的に増え、六月十一日には五万人にも膨《ふく》れ上がった背景には、このような張札による呼びかけがあったのである。百度参りの説明にあったように、百度参りや千度参りはもともと個人的な願掛けだが、この御所千度参りは、張札による集団参詣の呼びかけにより五万人もの群衆が集まるという集団千度参りになった。ポスターの呼びかけに応えて大勢の人々が集まる、どこか近代的な様相が感じられる。

御所千度参りの「効果」のほどはどうであったか。大勢の千度参りの人々の騒ぎは、光格《こうかく》天皇の耳にも入り、天皇の指示を受けた朝廷は、物価が高騰して苦しむ人々を救済する措置を講じるようにと幕府に申し入れた。幕府はそれも考慮して、米を放出している。これが一番の「効果」だった。米穀の作柄は、千度参りの効果とも思えないが、近年稀《まれ》に見る豊作となった。

上流女性をどう呼ぶか

もう五十数年も前の夏のことになる。大学生だったころ、千葉県下の農村史料調査に連れていってもらったとき、ある村の老人が、「あそこのゴシンゾサンは」というのを耳にしたことを、いまでもよく覚えている。「ゴシンゾサン」は、「ごしんぞうさま」のことで、漢字では「御新造様」と書くのが正しいだろう。この「ごしんぞうさま」という語は、歌舞伎の『与《よ》話情浮名横櫛《わなさけうきなのよこぐし》』（三世瀬《せ》川如皐《がわじょこう》作、嘉永《かえい》六年（一八五三）初演）のなかで、切られ与三《よさ》が、「ご新造さんえ、お富さんえ、イヤサお富」と呼びかける大変に有名なシーンや、時代劇ではちょくちょく耳にするので知ってはいても、時代劇の世界ではなく一九六〇年代に生《なま》で耳にしたので感動し、よく記憶しているのだと思う。しかし、いまではとっくに死語になっている「ご新造さん」とは、どのような女性をさして呼んだのだろうか。

　現在、女性をさして呼ぶ語としては、結婚している女性には「奥様（奥さん）」、未婚の若い女性には「お嬢様（お嬢さん）」が、一般的に用いられている。「おかみさん」とか「娘さん」なども時折は使われるが、おおむね呼称は単一化しているようである。

　しかし、時代劇のなかで、ところかまわず「奥さん」「お嬢さん」を乱発されたのではたまらない。身分制社会の江戸時代では、その人の属する身分、さらに身分内部での階層、地位によって呼称が決まっていた。元文《げんぶん》二年（一七三七）生まれの医師小川顕道《おがわあきみち》が、文化《ぶんか》十一年（一八一四）に、世俗の移り変わりを書き留《とど》めた『塵塚談《ちりづかだん》』（『燕石十種』第一巻、岩本活東子編、中央公論社、一九七九年、二七六頁）から、当時の呼称の使い分けとその変化を紹介してみよう。

我等十四五歳の頃は、御家人弐三拾俵高の妻女《さいじょ》をかみ様と、皆人称《しょう》せり、まして商人は、富家にてもかみ様とよび、子共が親兄へは、とゝ様、かゝ様、あに様、あね様といひけり、然るに、二三十年以来、同心《どうしん》、渡り用人《ようにん》の類の妻、町人も相応にくらす者の妻は、御新造様と称し、又は一日くらしの者の子共も、御とゝ様、御かゝ様、御あに様、御あね様といふ事になりたり、いはんや富家の浅草札差《あさくさふださし》は心至《こころいた》り、礼義武家をまねて、娘をおじやう様、妻を御新造様と称す、大名の嫡子《ちゃくし》の室《しつ》を御新造様と称する事を知らずして、僭上《せんじょう》無礼なる事、悪《にく》むべし、

小川顕道十四、五歳のときというから、寛延《かんえん》三、四年（一七五〇、五一）のころには、俸《ほう》禄《ろく》二、三十俵程度の幕臣である御家人の家では、妻を「かみ様」と呼ばせていたほどだから、まして町人身分の者では豪商の家でも、妻を「かみ様」と呼ばせ、また、子供たちは父母兄姉を、それぞれ「とゝ様」「かゝ様」「あに様」「あね様」と呼んでいたという。ところが、二、三十年前というから、一七八〇年代から九〇年代、元号でいえば天明《てんめい》から

寛政《かんせい》期になると、格式の低い御家人である同心や、旗本家に仕官して家政を取り仕切る渡り用人（転々と仕官先を替えて渡り歩くことからこの名がある）たち、さらには町人身分の少し裕福な者の家でも、妻のことを「御新造様」と呼ばせるようになった。「一日くらしの者」とは、町奉行所が「その日稼ぎの者」「その日暮しの者」と表現していた存在で、飢饉や災害、あるいは風邪の流行などがあるとすぐに救済の対象になるような、江戸市中の住民の過半を占めた下層町人のことである。彼らの子供が、父母兄姉を「御とゝ様」「御かゝ様」「御あに様」「御あね様」と呼び、以前の豪商よりも丁寧な呼び方をするようになったという。江戸の富商を代表する蔵前《くらまえ》（東京都台東区浅草）の札差たちは、みずからの生活に武家風の礼儀を取り入れ、娘を「おじょう様」、妻を「御新造様」と呼ばせたという。

小川顕道によると、「御新造様」は、大名の嫡子（家督を相続する予定の子）の妻の呼称だという。この名称の起こりは、武家が結婚する前に妻の住まいを新造したことから始まり、新婦の尊称として中世から使われている。しかし、幕末近くになって書かれた喜田川守貞《きたがわもりさだ》の『守貞謾稿《まんこう》』（『近世風俗志』一、宇佐美英機校訂、岩波文庫、一九九六年、一五四頁）は、つぎのように説明している。

江戸武家および巨戸《きょこ》は、主人の妻を御新造様と称す。巫医《ふい》は小戸《しょうこ》もこれを称す。（けだし幕府の臣は奥様と称し、陪臣《ばいしん》は御新造と云ふ。素《もと》は新婦を云ひ、新粧《しんそう》の伝訛《てんか》なり。今は老婦にもこれを称す。）中民以下は御かみ様と称す。

江戸では、武家と上層町人の妻を「御新造様」と称しているが、武家でも幕府の臣、すなわち旗本たちの妻は「奥様」と称し、陪臣、すなわち旗本の家来の妻などは「御新造」と呼び、また、「新造」という語は、「新粧」つまり「しんぞう」がなまったものともいう。「御新造様」は、幕末近くには、旗本の家来たちや上層町人の妻に使われていたことになる。中下層の町人では、「御かみ様」と呼んだというから、一七五〇年代までは御家人や富商たちの妻をさしていた語が、中下層町人のあいだで使われるようになった、ということになる。

将軍の妻（正室）は、「御台様《みだいさま》」、将軍の嫡子と将軍家一族である御三家・御三卿《ごさんきょう》の妻は「御簾中《ごれんちゅう》」だった。大名家では妻に迎えた将軍の娘は「御守殿《ごしゅでん》」と呼ばれたが、それ以外は家により同じではなく、旗本の妻の敬称は「奥様」だったらしい。しかし、御家人でも江戸町奉行所の与力《よりき》の妻は、「奥様」と呼ばせていたという。ただ与力は、旗本以上を呼ぶ敬称の「殿様」とはいわず、「旦那様《だんなさま》」と呼ばせていた（佐久間長敬《さくまおさひろ》『嘉永日記抄』、大久保利謙編輯『江戸』第六巻、教文舎、一九八一年、一六二頁）。町人身分では、裕福な家の妻を「御新造様」、中以下の家の妻を「かみ様」と呼んだようである。

娘の呼称は、将軍の娘は「姫君」、名がつけられると、たとえば「綾姫君様」などと呼ばれ、大名と結婚した後もそのままだった。武家や上層町人の場合は、「御じょう様」と呼ばれたようである。

子供の親の呼び方について、『塵塚談』では、「その日稼ぎの者」のような下層町人でも

「御かゝ様」などと称していると、非難の意を込めて書いていたが、『守貞謾稿』では、中以上の町人では、父親を「御爺様（おとっつぁん）」、母親を「御嫁々様（おっかさん）」、下層町人の子は、父を「ちゃん」、母を「おっかあ」と呼んだという。

『塵塚談』と『守貞謾稿』とでは、書かれた時間的なズレもあるが、同時に事実認識にも差異があるため、その説明は必ずしも一致しない。『塵塚談』がよく伝えているように、呼称は時間の経過とともに変化している。また、『守貞謾稿』の特徴でもある江戸と京坂《けいはん》との比較がよく表すように、地域的な差異も大きい。時間的なズレ、地域による差異など複雑な条件があるので、女性の呼称も一概にいうことはできない。

しかし、時間の経過とともに、しだいに上位の敬称が広く下位にも使われるようになったことだけは間違いない。そのようになった背景には、『塵塚談』の著者が、「諸商人は、卑賤の者へも売物を売付んとてあがめうやまふより、移り来りし事成べし」と推測するように、商人が物を売り込もうとして、とにかく相手に尊称を使ったという理由と、町人とくに上層町人が、武家の礼式を取り入れようとしたことなどがあったのではないか。現代では、江戸時代に旗本の妻と娘によく使っていた「奥様」「お嬢様」という呼び名が一般的に使われるが、その背景は、『塵塚談』の著者の推測がそのままあてはまるだろう。

農村部ではどうだったか。信州埴科郡森村《しんしゅうはにしなもり》（長野県千曲《ちくま》市森）の知識人である中条唯七郎が書き残した『見聞集録』から紹介してみよう（柄木田文明「史料紹介　中条唯七郎『見聞集録』」、『成蹊論叢』第三三号、一九九四年、一〇二頁）。唯七郎は、弘化《こうか》三年（一八四六）

七十三歳のときに生涯を振り返り、世の姿の変わりようは「天地黒白《てんちこくびゃく》」の違いがあると驚き、その一例に父母の呼び方を挙げている。住んでいる森村や近隣の村々では、その当時父母を「おとっさん、おっかさん」と呼んだという。この「お」の字をつけることは、以前にはなかったが、四十二年前の文化元年（一八〇四）に、唯七郎の叔父の息子のところに嫁いできた、豪農の娘である嫁がそのように呼んだことを、村人が真似をしたことから始まったという。それ以前では、十八、九歳の女性たちのなかに、「とゝさん、かゝさん」のように呼ぶ者もあったが、いまではみな「お」をつけて呼んでいる。農村部でもかなりの豪農の家では、十八世紀後半には「おとっさん、おっかさん」と呼び、十九世紀半ば近くになると、一般の百姓家でも「お」をつけて呼ぶようになった、ということらしい。

なお、私の母親は埴科郡より南の長野県上伊那《かみいな》郡の生まれで、子供のころ（大正から昭和初期）に、父親を「おとっさま」、母親を「おっかさま」と呼んだという。さらに丁寧な呼び方になったのかもしれない。しかし、同じ歳の資産家の娘さんは、「とうちゃん」「かあちゃん」と呼んだそうだ。呼称の変化を跡づけることは、難しいが面白い。

五十数年も前に、千葉県下で聞いたあの「ゴシンゾサン」は、どのような女性をさしていたのだろうか、もはや確かめることはできないが、妙に気になる言葉である。

初出一覧

遠山金四郎の入墨

「遠山金四郎の入墨」、『本郷』一九九八年一月号。

「遠山金四郎父子」、『日本歴史』一九九七年六月号。

「江戸の受験参考書」、『本郷』一九九九年三月号、「対策則——江戸の試験と受験参考書」を改題。

「〈名奉行〉の力量」、書き下ろし、「名奉行の「条件」」を改題。

「官職名の由来」、『本郷』一九九八年一一月号、「肥後守・赤井御門守」を改題。

「銭形平次と目明」、『本郷』一九九八年三月号、「銭形平次の真相」を改題。

「親の歳を間違える金四郎」、学術文庫版書き下ろし。

お代官様——悪の代名詞

「将軍吉宗の肉声」、『本郷』二〇〇〇年一一月号、「吉宗の「おれ」」を改題。

「遊芸を許す田沼意次」、学術文庫版書き下ろし。

「お代官様——悪の代名詞」、『本郷』一九九九年五月号。

「秘薬「熊胆」の値段」、書き下ろし。

「「謙譲の美徳」の裏側」、書き下ろし。

「二十二時間・二十三日間・三年間」、『本郷』二〇〇〇年七月号。

「白いカラスは吉兆か」、『本郷』二〇〇〇年九月号、「白鳥」を改題。

「殿と様はどちらが偉いか」、『本郷』一九九九年一月号、「殿と様——どちらが偉いか」を改題。

大御所の犯罪
「大御所の犯罪」、『本郷』一九九八年九月号、「まいない・ワイロ」を改題。

「無尽」、『本郷』一九九九年一一月号。

「談合体質の根深さ」、『本郷』一九九八年七月号、「談合・力づく」を改題。

「拾った金は誰のものか」、『本郷』二〇〇〇年五月号、「拾い物・芝浜」を改題。

「象をめぐる暗闘」、『歴史地理教育』二〇〇〇年七月号、「象と長崎出島の暗闘」を改題。

「国民の生命の重み」、書き下ろし。

「女房を借金のカタに置いても」、『本郷』一九九八年五月号、「女房を借金のカタにおいても」を改題。

女髪結い繁盛記
「便利すぎて困る」、書き下ろし。

「女髪結い繁盛記」、書き下ろし。

「江戸の贈答事情」、『本郷』一九九九年七月号、「献残屋——江戸の贈答事情」を改題。

「江戸の高利貸し」、書き下ろし。

「江戸の女性と証文の怖さ」、学術文庫版書き下ろし。

「地獄の沙汰も金次第」、『本郷』一九九九年九月号、「院号・天皇号」を改題。

放蕩息子の矯正

「読み書き算盤」、『本郷』二〇〇〇年三月号。

「放蕩息子の矯正」、『日本歴史』二〇〇〇年一〇月号。

「「うろたえる」老人たち」、書き下ろし。

「天明七年のポスター」、『日本歴史』一九九七年八月号、「御所千度参りを呼びかける「張札」」を改題。

「上流女性をどう呼ぶか」、『本郷』二〇〇〇年一月号、「ご新造さん・奥様」を改題。

あとがき

一九九七年秋ころに、日本史の学術書出版の老舗《しにせ》である吉川弘文館のＰＲ誌『本郷』の「時代劇を読む」というコーナーへの執筆を、同社の編集者で『本郷』を担当されていた斎藤信子さんから依頼された。とりとめのない、また前後の脈絡もないテーマで、それこそ専門の研究者にとってはどうでもよいようなことを書いているうちに、勤務先の大先輩などから、君が書いているとは思えないとか、なかなか面白いよとか、あそこは違っているよなどと、誉めていただいたりご教示を得たりした。そうこうしているうちに、いつのまにか『本郷』に三年間、十八回にわたる連載になってしまった。いままで、日本史の研究者だけを相手にし、広い読者を念頭に置いて文章を書くということをほとんどしてこなかったので、素材とか文章の面で私にとっては貴重な体験になり感謝したい。

そのうちに、中央公論新社の木村史彦氏と並木光晴氏から、中公新書にまとめないかと勧められた。そこで、『本郷』と他の雑誌などに書いたものに少し手を加え、さらにいくつかを新しく付け加えて、本書となった次第である。

学術文庫版あとがき

本書は、一九九八年から二〇〇〇年にかけて書いたものを再構成して、二〇〇三年に刊行された『大江戸世相夜話』を元にしている。その頃の私は、年齢的には五十代の前半で、原本、写真、活字などの史料を毎日毎日たくさん読み、ああでもないこうでもないと、あれこれ「妄想」を逞しくしていた時期だった。いま振り返ると、楽しくも充実した頃でもあった。

それらの史料が語る興味深いものの断片的な史実を、たんに面白そうな話題の小咄にとどめるのではなく、ちょっとしたことを通して、江戸時代の政治や社会の真相と深層に迫ろうとしたつもりである。面白いだけで内容がなければ意味はない。

『大江戸世相夜話』は、研究者だけではなく、より広い一般の読者を対象においたため、史料や史実の典拠、出典を簡略にしたところがある。そこで、学術文庫にするにあたりその点を補い、史実の史料的根拠をたどりやすくした。

歴史の研究は、たくさんの史料を厳密に読むことが基本になる。二〇一〇年に定年退職して一番困ったのは、史料を読む機会と条件が激減したことである。幸い長らく住んでいる八王子市が市史の編纂を始め、それに携わる機会を与えられた。それまで読んでいた、幕府や大名、公家たちの史料ではなく、地方《じかた》史料とよばれる村に残った史料を扱うことになった。最初は勝手が違って戸惑うこともあったが、七、八年のあいだ一所懸命に取り組み、膨大な量の史料を読んでみた。土臭い史料は、生々しく、いきいきとこの時代の深部を伝えていた。

史料を読むことを止めればもはや歴史研究者ではない、そんな「強迫観念」からか、いまでもなんかかんか読んでは「妄想」する。そこで、『大江戸世相夜話』を学術文庫の一冊にするにあたり、この十年ほどのあいだ取り組んできた自治体史と田沼意次、それにいま取りかかっている遠山景晋の伝記的研究から、あわせて三つを新たに書き加えた。

いま、学術文庫版のあとがきを書いていると、『大江戸世相夜話』のあとがきでふれた大先輩のお一人が、すでにお亡くなりになり、「出版社からPR誌が送られてくると最初に読むんだよ」「読んで江戸時代の勉強をし直している」などと励ましてくださったことが、懐かしく思い出されてならない。

私は、年齢とともに研究する条件がだんだんなくなり、知力、体力の衰えもあって、研究者を続けるのが難しくなってきた。旧知の岡林彩子さんが、学術文庫にするよう勧めてくれたことは、細々とでも、なんとか江戸時代の勉強を続けなさいと言われたような気がする。

二〇二〇年十二月

藤田　覚

本書の原本『大江戸世相夜話――奉行、髪結い、高利貸し』は、二〇〇三年に中央公論新社から中公新書の一冊として刊行されました。

藤田　覚（ふじた　さとる）

1946年，長野県生まれ。東北大学大学院文学研究科博士課程単位取得退学。東京大学名誉教授，文学博士。専門は日本近世史。著書に『幕藩制国家の政治史的研究』，『遠山金四郎の時代』，『幕末の天皇』，『天皇の歴史』第６巻「江戸時代の天皇」，『勘定奉行の江戸時代』，『日本の開国と多摩』など多数。

講談社学術文庫

定価はカバーに表示してあります。

〈名奉行《めいぶぎょう》〉の力量《りきりょう》

江戸世相史話《えどせそうしわ》

藤田《ふじた》　覚《さとる》

2021年１月８日　第１刷発行

発行者　渡瀬昌彦

発行所　株式会社講談社

東京都文京区音羽 2-12-21 〒112-8001

電話　編集（03）5395-3512

販売（03）5395-4415

業務（03）5395-3615

装　幀　蟹江征治

印　刷　株式会社廣済堂

製　本　株式会社国宝社

本文データ制作　講談社デジタル製作

ISBN978-4-06-522236-2

「講談社学術文庫」の刊行に当たって

これは、学術をポケットに入れることをモットーとして生まれた文庫である。学術は少年の心を養い、成年の心を満たす。その学術がポケットにはいる形で、万人のものになることは、生涯教育をうたう現代の理想である。

こうした考え方は、学術を巨大な城のように見る世間の常識に反するかもしれない。また、一部の人たちからは、学術の権威をおとすものと非難されるかもしれない。しかし、それはいずれも学術の新しい在り方を解しないものといわざるをえない。

学術は、まず魔術への挑戦から始まった。やがて、いわゆる常識をつぎつぎに改めていった。学術の権威は、幾百年、幾千年にわたる、苦しい戦いの成果である。こうしてきずきあげられた城が、一見して近づきがたいものにうつるのは、そのためである。しかし、学術の権威を、その形の上だけで判断してはならない。その生成のあとをかえりみれば、その根は常に人々の生活の中にあった。学術が大きな力たりうるのはそのためであって、生活をはなれた学術は、どこにもない。

開かれた社会といわれる現代にとって、これはまったく自明である。生活と学術との間に、もし距離があるとすれば、何をおいてもこれを埋めねばならない。もしこの距離が形の上の迷信からきているとすれば、その迷信をうち破らねばならぬ。

学術文庫は、内外の迷信を打破し、学術のために新しい天地をひらく意図をもって生まれた。文庫という小さい形と、学術という壮大な城とが、完全に両立するためには、なおいくらかの時を必要とするであろう。しかし、学術をポケットにした社会が、人間の生活にとってより豊かな社会であることは、たしかである。そうした社会の実現のために、文庫の世界に新しいジャンルを加えることができれば幸いである。

一九七六年六月　　　　野間省一

日本の歴史・地理

徳富蘇峰著（解説・御厨　貴）

徳富蘇峰　終戦後日記　『頑蘇夢物語』

占領下にあっても近代日本最大の言論人は書き続ける。封印された第一級史料には、無条件降伏への憤り、昭和天皇への苦言、東條・近衛ら元首相への批判と大戦の行方を見誤った悔悟の念が赤裸々に綴られていた！

2300

藤田　覚著

遠山金四郎の時代

その改革に異議あり！　天保の改革で奢侈一掃のため寄席撤廃、歌舞伎三座移転を目論んだ老中水野忠邦に対し、真正面から抵抗した町奉行。「いれずみの金さん」の虚実を現存する史料から丹念に明らかにする。

2317

伊藤　隆著

大政翼賛会への道　近衛新体制

太平洋戦争前夜、無血革命に奔った群像！　憲法の改正や弾力的運用で政治・経済・社会体制の変革と一党支配を目指した新体制運動。これを推進した左右の革新派の思惑と、彼らが担いだ近衛文麿の行動を追跡。

2340

落合弘樹著

秩禄処分《ちつろくしょぶん》　明治維新と武家の解体

明治九年（一八七六）、ついに〈武士〉という身分が消滅した！　支配身分の特権はいかにして解消され、没落した士族たちは、この苦境にどう立ち向かっていったのか。維新期最大の改革はなぜ成功したかを問う。

2341

山川三千子著（解説・原　武史）

女官　明治宮中出仕の記

明治四十二年、十八歳で宮中に出仕した華族・久世家の長女の回想記。「雀」と呼ばれた著者は、明治天皇夫妻の睦まじい様子に触れ、皇太子嘉仁の意外な振る舞いに戸惑う。明治宮中の闇をあぶりだす一級資料。

2376

アルベール・ド・バッソンピエール著／磯見辰典訳

ベルギー大使の見た戦前日本　バッソンピエール回想録

関東大震災、大正の終焉と昭和天皇即位の大礼、満洲事変、相次ぐ要人へのテロ……。駐在して十八年、練達の外交官の目に極東の「日出ずる帝国」とその指導層はどう映じたのか。「戦前」を知る比類なき証言。

2380

日本の歴史・地理

武士の誕生
関　幸彦著

古代の蝦夷との戦争が坂東の地に蒔いた「武の遺伝子」は、平将門、源義家、頼朝らによって育まれ、開花した。地方の「在地領主」か、都の「軍事貴族」か。「武士」とはそもそも何か。起源と成長をめぐる新視点。

2150

幕末の天皇
藤田　覚著

天皇の権威の強化を図った光格天皇、その志を継ぎカリスマにまで昇りつめた孝明天皇。幕末政治の表舞台に躍り出た両天皇の八十年間にわたる〝闘い〟に「江戸時代の天皇の枠組み」と近代天皇制の本質を追う。

2157

カレーライスの誕生
小菅桂子著

日本の「国民食」はどのようにして生まれたのか。近代黎明期、西洋料理としてわが国に紹介されたカレーの受容と、独自の発展を遂げる過程に秘められた人々の知恵と苦闘のドラマを活写する、異色の食文化史。

2159

江戸と江戸城
内藤　昌著

徳川家三代が急ピッチで作り上げた世界最大の都市・江戸は、「渦巻き構造」をもった稀有な都市である。古代～江戸への地理的・歴史的な成立過程を詳述し、その実態を物的証拠により解明した江戸論の基本図書。

2160

中世のなかに生まれた近世
山室恭子著

判物（サイン）から印判状（はんこ）へ。人格的支配から官僚制的支配へ。武田氏、今川氏、上杉氏、毛利氏など、戦国大名の発給した文書を解析し、東国と西国の違いを明らかにし、天下統一の内実に迫った力作。

2170

鉄炮伝来　兵器が語る近世の誕生
宇田川武久著

鉄炮を伝えたのはポルトガル人ではなかった！　戦国大名の贈答品から、合戦の主役へ、さらに砲術武芸の成立まで。歴史の流れを加速させた新兵器はいかに普及し、戦場を一変させたのか？　戦国史の常識を覆す。

2173

《講談社学術文庫　既刊より》